READ
BELOW
POL ROGER & C°
CHAMPAGNE

Champagner & Co.

Champagner & Co.

Kennen und Genießen

Alice King
Fotografien von Peter Cassidy

monte von DUMONT

Titel der englischen Originalausgabe:
Fabulous fizz. Choosing Champagne and sparkling wine for every occasion
Erstveröffentlichung durch Ryland Peters & Small

Cavendish House,
51–55 Mortimer Street,
London W1N 7TD

Aus dem Englischen von Dagmar Freytag

Redaktion und Satz der deutschsprachigen Ausgabe:
Agents – Producers – Editors, Overath

Die Deutsche Bibliothek CIP-Einheitsaufnahme

Champagner & Co. : Kennen und Genießen / Alice King. Photogr. von Peter Cassidy.
[Aus dem Engl. von: Dagmar Freytag]. - Köln : DuMont, 1999
(Monte von DuMont)
Einheitssacht.: Fabulous fizz <dt.>
ISBN 3-7701-8546-3

Printed in Spain by Artes Gráficas Toledo S.A.U.
D.L. TO: 1523-1999
ISBN 3-7701-8546-3

Für meinen Vater, von dem ich Champagner zu lieben gelernt habe, und für Debbie, die fast genauso viel Chamapagner trinkt wie ich!

Anmerkungen:
Alle Löffelmaße sind »gestrichen«, sofern nicht anders angegeben.
Der Ofen sollte immer auf die angegebene Temperatur vorgeheizt werden. Wenn Sie ein Umluftgerät verwenden, sollten die Temperaturen entsprechend der Herstellerangaben reduziert werden.

Inhalt

Dieses Buch ist eine Offenbarung – die Offenbarung einer langen Liebesgeschichte. Wer das Leben leidenschaftlich liebt, liebt auch Champagner.

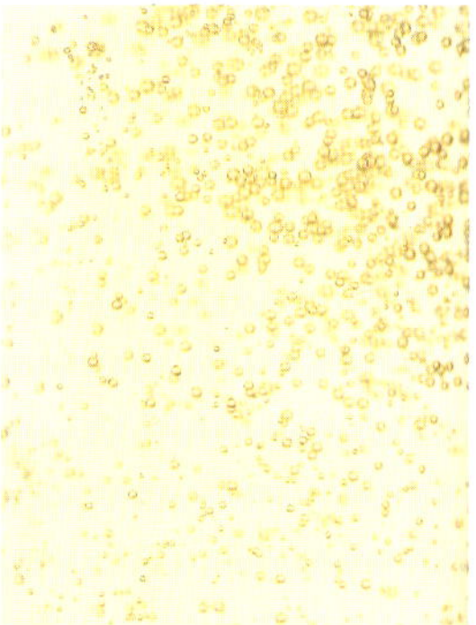

Vorwort

Dieses Buch ist eine Offenbarung – die Offenbarung einer langen Liebesgeschichte. Wer das Leben leidenschaftlich liebt, liebt auch Champagner und andere Schaumweine. »Schampus«, wie diese Weine liebevoll genannt werden, ist *das* Getränk zum Feiern überhaupt. Es gibt kein anderes, das mit seinen tanzenden Perlchen konkurrieren könnte oder mit seinem herrlich erfrischenden, verführerischen Geschmack. Sein Prickeln ist das von Tagträumen.

Diese meine spritzige Affäre währt nun schon einige Zeit. Mit 18 erhielt ich einen Traumjob: Führungen durch die Champagner-Keller von Heidsieck Monopole in Reims. Ich lernte viel Französisch und noch mehr über die Herstellung, Verkostung und natürlich das Genießen von Champagner. Ich wurde geradezu verführt.

Eine ganz besondere Champagner-Feier fand statt, als mein dritter Sohn Felix zu Hause geboren wurde. Um seine Ankunft gebührend zu feiern, trank ich zehn Minuten nach seiner Geburt ein Glas Krug Grande Cuvée, und das war einer der denkwürdigsten Momente meines Lebens.

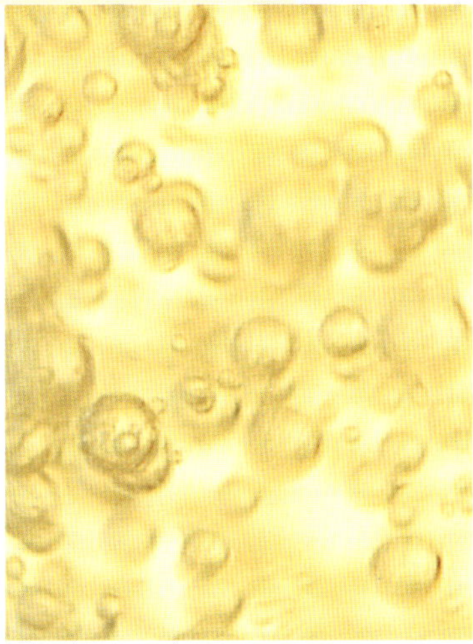

Man möge mir also nachsehen, daß sich dieses Buch vor allem auf Champagner konzentriert, denn es handelt sich um eine eher persönliche Zusammenstellung einiger der berühmtesten Schaumweinsorten der Welt. Wenn ich nur eine einzige Sorte auf eine einsame Insel mitnehmen dürfte, dann würde ich mich ganz bestimmt für den »Schampus« aus dem Norden Frankreichs entscheiden, den, der mir immer am liebsten war – Champagner.

Alice King, im Juni 1999

Einleitung

Feierlich, stilvoll und schäumend – Sekt wird schon seit Mitte des 17. Jahrhunderts mit freudigen Anlässen assoziiert, als die europäische Gesellschaft die anregende Wirkung dieser perlenden Weinsorte aus der Champagne entdeckte. Die französische Provinz Champagne ist zwar die Ursprungsregion aller Schaumweine, aber inzwischen werden sie auch in vielen anderen Teilen der Welt hergestellt.

Man muß »Schampus« nur erwähnen, und schon leuchten die Augen der Zuhörer voller Vorfreude. Schaumwein gibt es in tausenderlei Varianten. Er kann blaßgolden sein und einen eleganten, zurückhaltenden Charakter mit einem Anflug von Hefegeschmack haben. Oder er ist von zartem Zwiebelschalen-Rosé mit einer Erdbeerkopfnote; vielleicht schmeckt Ihr persönlicher Favorit aber auch vordergründig und deutlich fruchtig. Ganz gleich, welche Richtung Sie bevorzugen, es gibt in diesem Buch auch etwas für Ihren Geschmack. Hier finden Sie Standard-Schaumweine (ohne Jahrgangsangabe), Jahrgangsschaumweine, trockene und süße, Rosés und selbst rote Schaumweine.

Mit diesem Buch möchte ich meine Leidenschaft für hervorragende Schaumweinsorten weitergeben. Meine bevorzugten Sorten habe ich in drei Kategorien eingeteilt: die leichten, zum Aperitif geeigneten Schaumweine, die »immer und überall« passenden Sorten mit mittelschwerem Körper und zuletzt die vollmundigeren Sorten, die ihren vollen Geschmack oft erst beim Essen entfalten. Wer schon Favoriten hat, kann sie im Register nachschlagen. Belassen Sie es aber nicht dabei, sondern probieren Sie auch einmal andere Sorten. Selbst wenn Sie noch kein Schaumweinliebhaber sind, garantiere ich Ihnen, daß Sie es in Kürze sind!

Wenn Sie zum Beispiel nach einem Aperitif für einen ganz besonderen Abend suchen: Wie wäre es mit einem Champagner Pol Roger White Foil? Ein köstliches Getränk mit einem exotischen Hauch von Ingwer- und Sahnenoten und sehr ausgewogen im Geschmack. Eine gemütliche Grillfete begeht man am besten mit australischen Marken wie Seaview Brut Rosé oder dem herrlichen Green Point. Auf meiner Namensliste der »großen« Champagner-Marken nimmt der sagenhaft vollmundige und weiche Krug Grande Cuvée einen Ehrenplatz ein.

Kalifornien dagegen produziert einige herrlich kräftige Sorten, die sich ausgezeichnet als Begleitung zum Essen eignen, zum Beispiel den gefälligen Korbel Chardonnay. Wenn es aber darum geht, einzigartige Momente im Leben zu feiern, dann sollte es besser ein Schaumwein mit Jahrgangsangabe sein. Für den Hoch-

UND WENN ICH TAUSEND SÖHNE HÄTTE, DER ERSTE MENSCHLICHE GRUNDSATZ, DEN ICH SIE LEHREN WOLLTE, WÄRE DER, DÜNNEN GETRÄNKEN ABZUSCHWÖREN UND SICH DEM SEKT ZU ERGEBEN.

William Shakespeare, *König Heinrich IV.*

zeitstoast beispielsweise gibt es nichts Besseres als den Sekt mit dem treffenden Namen Iron Horse Wedding Cuvée 1996.

Sekt schafft einfach Partystimmung. Die phantastischste Party, die ich je gefeiert habe, war zweifelsohne die anläßlich der Zweihundertjahrfeier des Champagner-Hauses Piper Heidsieck Mitte der achtziger Jahre. Dieses Ereignis, das ich einfach nur als extravagant bezeichnen kann, wurde etwas außerhalb von Paris gefeiert, und zwar im Schloßpark und in der Orangerie von Versailles; vor 1600 geladenen Gästen wurde dort Piper Heidsiecks neuer Luxus-Cuvée, Champagne Rare, eingeführt. Als ich den Garten betrat – gerade in dem Augenblick, als die Sonne hinter dem See versank, sah ich die Springbrunnen in magischem Licht erstrahlen, während ein Orchester Händels Wassermusik anstimmte. Überall sah man weißlivrierte Diener, die Magnum-Flaschen Champagner servierten. Neben dem Piper Heidsieck Rare 1976 – trotz seiner zehnjährigen Lagerzeit immer noch jugendlich-frisch, fast stahlig, mit einem herrlich vielschichtigen Bukett – wurden auch zahlreiche Magnum-Flaschen Piper Heidsieck ohne Jahrgangsangabe ausgeschenkt.

Noch bis heute ruft selbst das kleinste Schlückchen Piper Heidsieck die Erinnerung an diesen Abend voller Glanz und Glamour in mir wach, an die endlosen Reihen mit weißem Leinen eingedeckter Tische zu beiden Seiten der Orangerie, auf denen Silbertafeln mit vielen Köstlichkeiten warteten: von gebratenen Wachteln und Wachteleiern über Kaviar, Hummer, Krebse und riesigen Langusten bis hin zu gebrutzelter Ente. Ein herrlicher Abend, der mit einem Feuerwerk am See und erlesenen Champagnersorten gebührend gefeiert wurde.

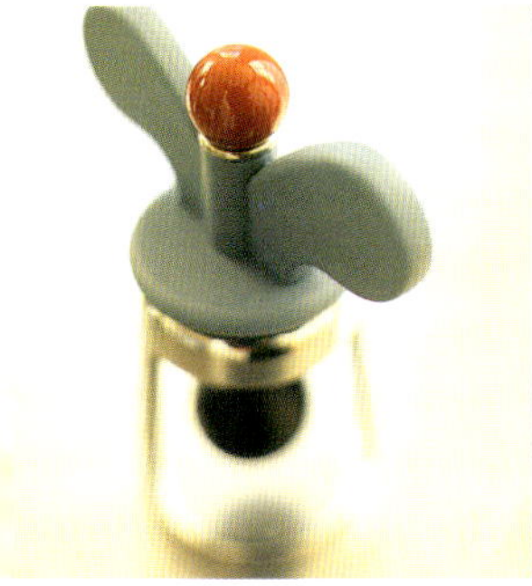

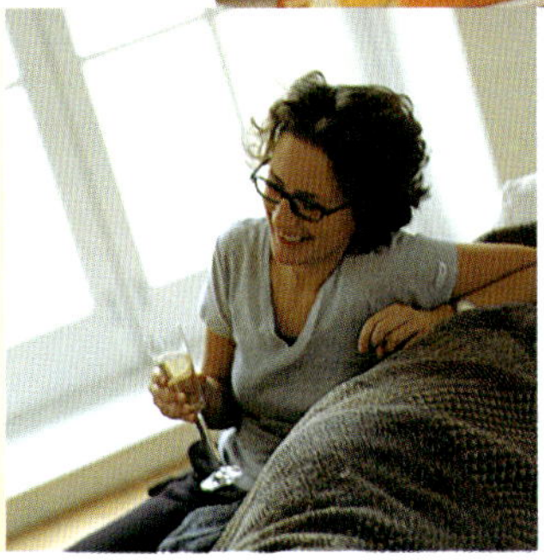

Wie jedoch meine eigene Party nach einer Woche mit vielen Verkostungen für dieses Buch zeigte, gibt es auch für weniger grandiose Anlässe und Spontanfeiern eine große Auswahl geeigneter Schaumweine. Die angebrochenen Flaschen, die ich mit zweiflügeligen Chromverschlüssen perlig gehalten hatte (siehe Seite 133) stellte ich in Eiskübel und verteilte diese in dem von Kerzenlicht erhellten Garten und in den beiden Bädern des Hauses. Die Wurlitzer-Jukebox spielte vom Einbruch der Dunkelheit bis zur Morgendämmerung, und wir versorgten uns mit chinesischen Gerichten aus dem Asia-Imbiß. Wir entdeckten so einige herrliche Sektsorten und wirklich köstliche Begleiter zu Bami-Goreng, Huhn mit Wasserkastanien und Bohnensprossen oder auch zu Rindfleisch mit Ingwer und Knoblauch. Es war meine beste Party, was ich allein dem phantastischen »Schampus« zuschreibe!

Was nach der Verkostung so vieler Sektsorten blieb, war nicht etwa ein »Kater«, sondern eine große Menge Sektkorken. Ich habe sie einfach mit Silberspray besprüht und als Dekoration für den Weihnachtsbaum genutzt. Natürlich gibt es unendlich viele Verwendungsmöglichkeiten für ausgediente Sektkorken, aber ich bastele daraus gern kleine Andenken für meine Patenkinder. Dafür schneide ich ein Loch in den Boden des Korkens und steckt eine Silbermünze hinein. Eine meiner Freundinnen dagegen hebt immer den Korken der ersten Sektflasche auf, die sie mit einem Liebhaber trinkt. Ich habe ihre Sammlung noch nicht gezählt…

Kürzlich gab ich einem spontanen Verlangen nach und öffnete eine Flasche Veuve Cliquot La Grande Dame 1990, um sie gemeinsam mit einem guten Freund zu trinken. Noch bevor er probiert hatte, bemerkte er allein aufgrund der stilvollen, altmodischen Flaschenform und des Siegels, daß dies ein ganz erstklassiger Tropfen sein müsse. Er hatte recht, es ist ein unglaublich eleganter Champagner! Das andere Extrem bilden Designer-Flaschen wie das minimalistische ›J‹ des kalifornischen Erzeugers Jordan mit dem nicht zu übersehenden grüngelben ›J‹-Logo. Auch dies ist ein sehr feiner Schaumwein mit samtigen, röst- und biskuitartigen Aromen.

Schaumwein eignet sich ferner für Cocktails, die Auge und Gaumen gleichermaßen ansprechen (siehe Seite 108–115). Der einfachste und doch eine ausgezeichnete Wahl ist der Kir Royal – erfrischend fruchtig mit einem Hauch schwarzer Johannisbeere und zudem sehr stilvoll.

Den Genuß eines Glases Schaumwein kann man nur noch steigern, indem man es zu einem guten Gericht trinkt. Und damit meine ich nicht nur Galadinners, sondern ebenso ein Sektfrühstück oder

einen Grillabend – jede Mahlzeit kann mit einem Glas Schaumwein zu etwas Besonderem werden; andererseits kommen schwerere Sorten, insbesondere Jahrgangsschaumweine, Luxus-Cuvées und körperreiche Rosés, bei einer Mahlzeit erst richtig zur Geltung. Sie haben genug Charakterfülle, um auch die reichhaltigste Sahnesauce und das kräftigste Gericht zu vervollkommnen.

Der naheliegendste Anlaß, bei dem Sekt eine Rolle spielt, ist eine Party oder ein Empfang, bei dem das Tablett mit den Appetithäppchen hoffentlich mehr als einmal bei Ihnen vorbeikommt. Zu Sekt paßt alles von gesalzenen Nüssen und Knoblauch Oliven bis hin zu Mozzarella-Törtchen mit Tomaten. Ideal für einen solchen Anlaß ist ein erfrischender, spritzig-fruchtiger Sekt.

Wer seine Gäste allerdings wirklich beeindrucken will, reicht einen vollmundigeren Sekt als Aperitif und schenkt ihn auch zum ersten Gang aus. Wie wäre es mit einem Sekt-Risotto mit Waldpilzen (siehe Seite 118)? Ein üppiger, biskuitartiger Schaumwein bringt die dominanten, erdig-sahnigen Geschmackskomponenten erst richtig zur Geltung. Oder Sie servieren einen vollmundigen Schaumwein zu einer Spargelcreme-Suppe. Zu einem wirklich stilvollen Mahl sollte man übrigens durchgängig perlende Weine servieren.

Schaumwein paßt auch hervorragend zu Fisch, besonders zu den geschmacksintensiveren Arten wie Meerbarben, Steinbutt oder Engelbarsch. Eines meiner Lieblingsgerichte ist gebackenes Kabeljaufilet in würziger Tomatensauce mit einem oder zwei Gläsern Sekt. Was Sekt und Meeresfrüchte anbelangt, so handelt es sich um eine geradezu himmlische Verbindung.

Auch zu rotem Fleisch macht sich Schaumwein überraschend gut, ebenso wie zu stark gewürzten indischen Gerichten, Thai-Nudeln, Jakobsmuscheln in Ingwer und Hähnchenflügeln vom Holzkohlegrill. Beim Dessert angelangt, kann ein halbtrockener Sekt selbst hausgemachtes Fruchteis oder ein Sorbet mit Amarettini in ein echtes Erlebnis verwandeln. Lassen Sie sich durch dieses Buch anregen, einige köstliche Rezepte und die unterschiedlichsten Kombinationsmöglichkeiten auszuprobieren.

GREEN POINT
BRUT

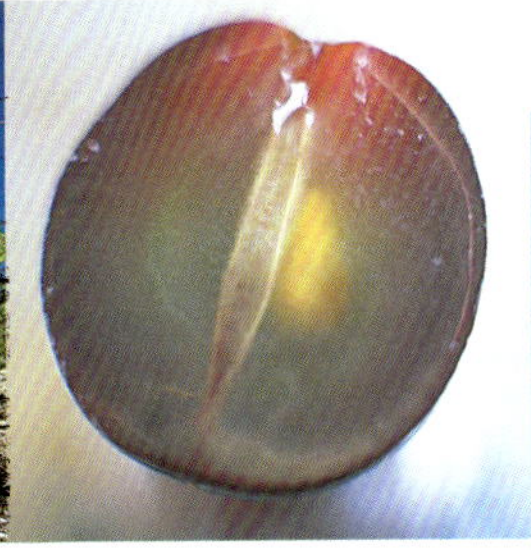

Wie Schaumwein entsteht

Ausgelassen und frivol – Champagner darf bei keiner Party fehlen. Vom 17. Jahrhundert an bis hin zu den »goldenen« Zwanzigern und noch darüber hinaus ist Champagner *das* Getränk schlechthin für feierliche Anlässe, wie auch diese französischen Plakate aus den Zwanzigern deutlich zeigen.

Kennen Sie das Spiel, bei dem jeder laden würde? Ich denke dabei sofort

sechs Personen nennen muß, die er gern zum Essen ein-
an einen Mönch aus dem 17. Jahrhundert: Dom Pérignon.

Hinter den Kulissen

Champagner gibt es schon seit Jahrhunderten, doch mit voller Absicht perlt er erst seit Ende des 16. Jahrhunderts. Davor war er ein flacher, säuerlicher und stiller Wein, der ärgerlicherweise manchmal in der Flasche erneut fermentierte und so gelegentlich sogar Flaschen explodieren ließ. Doch dann entdeckten die feinen Leute ihre Vorliebe für die prickelnde Version, und man fand heraus, daß der eine rechtlich zulässige Löffel Zucker den zweiten Gärungsprozeß in Gang setzt, der die gewünschten Bläschen erzeugt. So kam es, daß Champagner seit Beginn des 18. Jahrhunderts perlt.

Kennen Sie das Spiel, bei dem jeder sechs Gäste nennen muß, die er gern zum Essen einladen würde? Ich denke dabei sofort an den französischen Mönch Dom Pérignon, der eine Schlüsselrolle bei der Erschaffung meines Lieblingsgetränkes spielte. Das käme mich allerdings teuer zu stehen, da ich ihm wohl die Luxus-Cuvée unter den Moët & Chandon-Jahrgangschampagnern anbieten müßte, den Dom Pérignon. 1668 zum Schatzmeister der Abtei von Hautvilliers bestellt, die außerhalb von Epernay in der Champagne lag, gehörte es auch zu den Aufgaben dieses begnadeten Mönchs, Wein zu keltern. Lange hieß es sogar, er habe den moussierenden Champagner »erfunden«. Richtiger ist wohl, daß sich sein Beitrag auf einige innovative Kelter-Techniken beschränkt – einschließlich der des Verschneidens von Weinen verschiedener Lagen und der Herstellung von weißen Weinen aus dunklen Trauben. Beide Prozesse sind nach wie vor wesentliche Bestandteile der Schaumweinkelterei.

Eine weitere große Gestalt in der Geschichte des Champagners ist Nicole-Barbe Cliquot-Ponsardin. Schon sehr jung verwitwet, übernahm sie 1805 die laufenden Geschäfte im Unternehmen ihres Mannes und baute eines der berühmtesten Champagner-Häuser auf: Veuve Cliquot Ponsardin. Die überaus erfolgreiche Geschäftsfrau erlangte durch die ihr zugeschriebene Entwicklung des *remuage*-Verfahrens Unsterblichkeit (siehe Seite 19).

Im Laufe des 18. Jahrhunderts, als sich die Nachfrage nach Champagner über ganz Europa ausweitete, entstanden weitere Häuser wie Bollinger, Louis Roederer, Perrier-Jouet. Damals wurden die Methoden der modernen Champagnerkelterei entwickelt und perfektioniert. Champagner wurde *das* Getränk des Adels. Man trank ihn zu allen Pariser Festivitäten, am Regentschaftspalast in Versailles, verschiffte ihn zum russischen Zaren, und auch die Londoner High-Society verlangte nach ihm.

Bis heute setzt Champagner als Festtags-Getränk seinen Siegeszug fort. Neu ist nur die Vielfalt, die inzwischen angeboten wird – nicht nur französischer Champagner, sondern auch spanischer Cava, italienischer Asti, deutscher Sekt und natürlich die hervorragenden Schaumweine aus Nordamerika, Australien und Neuseeland. Unglaublich, daß die Schaumweine der »Neuen Welt« erst in den letzten zehn Jahren zu internationalen Stars avanciert sind. In dieser kurzen Zeit haben die Produzenten atemberaubende Sprünge gemacht, um den in 300 Jahren erworbenen Erfahrungsschatz der Champenois einzuholen – was uns eine Fülle ausgezeichneter Sorten beschert.

Woher das Prickeln kommt

Die Hefe frißt den Zucker und stößt feine Bläschen aus Kohlendioxid auf,

Die meisten großen Schaumweine werden nach dem Champagnerverfahren (*méthode champenoise, méthode traditionelle* oder auch einfach »Flaschengärung« genannt) hergestellt. Dies ist ein langwieriger, raffinierter Prozeß und einer der Gründe dafür, warum guter Champagner oder Sekt nie billig sein wird.

Das Champagnerverfahren

Zunächst wird Champagner wie jeder andere Wein hergestellt. Die Trauben werden gelesen, gepreßt und vergoren. Der so entstandene Wein ist still, und in kühleren Regionen wie der Champagne ist er gewöhnlich stark säurehaltig und flach. Dann folgt das Verschneiden, eine Kunst, die eine gleichbleibende Qualität und den typischen Stil des Hauses sicherstellt. Der Kellermeister verkostet Weine aus unterschiedlichen Weingärten und -lagen und legt dabei den exakten Anteil jedes einzelnen Weines für den Verschnitt (*assemblage*) fest. Der verschnittene Wein wird dann in Flaschen abgefüllt und mit einer bestimmten Menge Hefe und Zucker versetzt, was den entscheidenden zweiten Gärungsprozeß in Gang setzt. Die bildlichste Erklärung für diese Vorgänge ist die, daß die Hefe den Zucker auffrißt und dabei winzige Kohlensäurebläschen aufstößt, die im Wein gefangen bleiben, und so das schäumende Prickeln erzeugt.

Je nach Qualität und Charakter beläßt man den Wein von einigen Wochen bis zu mehreren Monaten auf dem Hefesatz, damit sich die hefe- und biskuitartigen Aromen und Geschmackskomponenten voll entwickeln können. Dann beginnt der knifflige Teil: Wie entfernt man die winzigen abgestorbenen Hefezellen aus dem Wein (damit er klar wird), ohne daß er seine »Perlenschnüre« verliert? Hier tritt der *remueur* oder auch Rüttler, wie er im Deutschen genannt wird, auf den Plan. Die Flaschen werden in der kühlsten und dunkelsten Ecke des Kellers auf hölzernen Flaschenregalen waagerecht gelagert, mit dem Hals nach vorn. Etwa zwei Monate lang wird jede Flasche einmal täglich gedreht und dabei immer steiler gekippt – ein Verfahren, das als *remuage* bzw. Rütteln bekannt ist. Diese leichte Störung löst die Hefeablagerungen, die nach und nach in den Flaschenhals rutschen. Am Ende der zwei Monate hängt die Flasche buchstäblich auf dem Kopf im Regal. Geschickte Rüttler können täglich bis zu 40 000 Flaschen auf diese Weise drehen! Heute wird die *remuage* überwiegend von großen, computergesteuerten Körben erledigt; nur die großen, prestigeträchtigen Cuvées aus der Champagne rüttelt man noch immer von Hand.

Die Flaschenhälse werden anschließend vorsichtig in eine Gefrierlösung getaucht, die den Bereich um die Hefeablagerungen zu einem Eisstopfen gefrieren läßt. Beim *dégorgement* wird der Korken dann entfernt, und der Eisstopfen schießt aus der Flasche. Unvermeidlich geht dabei etwas Sekt verloren, daher wird die Flasche wieder mit der *dosage* aufgefüllt, einer kleinen Menge älteren Weins und etwas Zukker. Selbst dem »brut« bzw. den »trockenen« Sorten werden kleine Mengen Zucker zugesetzt, um die Säure auszugleichen. Zum Schluß wird die Flasche mit einem Korken und Draht versiegelt. Die Drahtschlinge hält den Korken trotz des großen Innendendrucks – vergleichbar mit dem eines großen LKW-Reifens – auf der Flasche. Hochwertige Champager-Sorten werden vor dem Vorkauf etwa sechs Monate im Keller gelagert.

Altenative Methoden

Es gibt aber auch noch weitere Verfahren der Schaumweinherstellung. Die erfolgreichste ist die *cuve close* oder »Tankmethode«, bei der die zweite Gärung in großen, versiegelten Behältern stattfindet. Da hier die Weinmenge, die mit der Hefe in Berührung kommt, erheblich geringer ist, fehlt anschließend oft die geschmackliche Fülle und Ausgewogenheit der Flaschengärung. Die schnellste und einfachste Methode, moussierenden Wein zu erzeugen, besteht darin, einfach Kohlendioxid in den Wein zu pumpen. Es ist aber relativ leicht, einen mit Kohlensäure versetzten Schaumwein zu erkennen: Die Bläschen sind gewöhnlich viel gröber, und der Wein wird extrem schnell schal.

Rosés

Es gibt zwei Möglichkeiten, rosa Schaumwein herzustellen: Traditionellerweise werden die dunklen Traubenhäute nach dem Pressen im Most belassen und färben ihn so ein. Man kann auch Rotwein zugeben, bis der Most den gewünschten Rosaton annimmt. Rosés sind in allen denkbaren Schattierungen erhältlich.

die im Wein gefangen bleiben, und erzeugt so das schäumende Prickeln.

Rund um den Schaumwein

Trauben

Die meisten berühmten Schaumweine werden aus einer Mischung von Pinot Noir- und Chardonnay-Trauben gekeltert. Die dritte »klassische« Champagner-Traube ist Pinot Meunier. Doch wie Sie in diesem Buch entdecken werden, gibt es hervorragende Champagner- und Schaumweinsorten, die ausschließlich aus Chardonnay- oder aus einem Verschnitt der beiden Pinot-Trauben hergestellt wurden. Zudem gibt es sagenhafte Schaumweine aus ungewöhnlicheren Traubensorten wie Muskat und Shiraz (siehe Anbaugebiete, Seite 22–27).

Chardonnay

Diese weiße Traube verleiht dem Schaumwein Harmonie und geschmackliche Komplexität. Zudem schreibt man Chardonnay-Trauben von allen drei Traubensorten das beste Alterungspotential zu. Ein junger Chardonnay ist leicht und blumig, im Abgang frisch und von angenehmer Säure. Nach mehreren Jahren Flaschenlagerung entwickelt er weichere, vollere, geradezu buttrige Geschmackskomponenten.

Pinot Noir

Der weinige Pinot Noir gibt der Mischung Körper und Gewicht – das »Rückgrat« sozusagen. Ferner bringt er delikate Erdbeer- oder Himbeernoten ein. Sekte mit Pinot Noir-Anteil weisen manchmal eine aparte, leicht roséfarbene Tönung auf, die vom Pressen herrührt, wenn der Most kurze Zeit mit den dunklen Traubenhäuten in Berührung kommt.

Pinot Meunier

Die dunkle Pinot Meunier-Traube ist eine wesentliche Komponente von Champagnerverschnitten, insbesondere der nicht nach Jahrgang erfaßten Sorten. Die Traube ist wunderbar fruchtig, fast bonbonartig, und hat eine würzige Note. Sie verleiht dem Wein einen süffigen Charakter. Außerhalb der Champagne wird sie jedoch eher selten verwendet.

Bezeichnungen und Typen

Einige Angaben auf dem Etikett können Hinweise auf Geschmack oder Charakter der tanzenden Bläschen im Inneren der Flasche geben. Hier einige der gebräuchlichsten Begriffe:

Méthode Champenoise, Champagnerverfahren und Flaschengärung

Diese Methode wird nicht nur in der Champagne angewendet. Der zweite Gärungsprozeß findet dabei in der Flasche statt (siehe Seite 19). Achten Sie bei außerhalb der Champagne produzierten Sorten auf Aufschriften wie *méthode traditionelle* (»klassische Methode«) oder »Flaschengärung«.

Schaumweine ohne Jahrgangsangabe

Diese Schaumweine werden aus einem Verschnitt von Weinen unterschiedlicher Jahrgänge produziert, um den »Stil des Hauses« und gleichbleibende Qualität zu erzielen. Wenn Sie eine Sorte gefunden haben, die Ihnen schmeckt, können Sie sie jederzeit und überall in dem sicheren Bewußtsein kaufen, daß sie immer so ausfällt wie erwartet. Nach einigen Jahren der Flaschenreifung werden diese Schaumweine weicher, vollmundiger und samtiger

Schaumweine mit Jahrgangsangabe

Weine aus nur einem Jahr. Die besten Erzeuger reservieren die feinsten Trauben für einen Jahrgangsschaumwein – einer der Gründe, warum er so gefragt ist. Ein Schaumwein aus einem sehr heißen Jahr wird reichhaltiger, runder und weniger säurebetont schmecken als der aus einem kühleren Jahr. In kälteren, feuchteren Regionen wie der Champagne werden hochklassige Jahrgangschampagner nur in Jahren gekeltert, in denen man die Traubenqualität als herausragend beurteilt – was zum Glück relativ häufig eintritt. Die meisten Jahrgangschampagner reifen fünf bis sieben Jahre, bevor sie auf den Markt kommen.

Blanc de Blancs

Wörtlich übersetzt bedeutet dies »der Weiße der Weißen«, was besagt, daß dieser Schaumwein ausschließlich aus Chardonnay-Trauben gekeltert wurde. Jung können diese Weine relativ leicht und samtig sein; mit der Reife entwickeln sie oft einen herrlich vollen Geschmack mit Röst- und Biskuitaromen.

Blanc de Noirs

Der »Weiße der Schwarzen« – das mag widersprüchlich klingen, ist es aber nicht. Die Bezeichnung besagt, daß der Schaumwein ausschließlich aus den dunklen Traubensorten Pinot Noir und Pinot Meunier gekeltert wurde. Wenn Sie eine dunkle Traube in der Mitte durchschneiden, werden Sie feststellen, daß lediglich die Haut dunkel ist, aber nicht das Fruchtfleisch. Wenn der Most gleich nach dem Pressen von den Häuten getrennt wird, kann also ein weißer Wein aus roten Trauben gekeltert werden. Ein »Blanc de Noirs« ist immer körperreich und üppig.

Prestige- oder Luxus-Cuvées

Die Spitzenverschnitte, die wirklich »großen« Schaumweinsorten, nennt man *cuvées*. Luxus-Cuvées sind sowohl mit als auch ohne Jahresangabe Luxus-Champagner. Sie schmecken wahrhaft erhaben, aber natürlich muß man damit rechnen, daß dieses Privileg einen entsprechenden Preis hat.

Brut (brut réserve)

Diese Schaumweine sind am häufigsten vertreten. Sie haben gewöhnlich keine Jahrgangsangabe, sind aber sehr gut trinkbar. Eine Spur des ausgleichenden Zuckerzusatzes macht sie so schmackhaft und delikat. Eine weniger häufig anzutreffende Form ist der »Brut zero«/»Extra Brut«. Diese Sorte ist herb und wirklich trocken, schmeckt geradezu sauer und metallisch, da der *dosage* (siehe Seite 19) kein Zucker zugesetzt wird.

Demi-sec

Ein kleines Verwirrspiel: *demi-sec* heißt im Deutschen zwar »halbtrocken«, die beste Beschreibung für diese Sorten wäre jedoch »halbsüß«, denn das genau sind sie – eine wunderbare Harmonie von honigartiger Süße und erfrischender Säure.

Crémant

Die Bezeichnung »crémant«, zum Beispiel Crémant d'Alsace oder Crémant de Loire, steht für einen weichen, gefälligen Schaumwein, der weniger prickelnd ist als Champagner. Ein Wein, der sanft sprudelt statt kräftig zu schäumen – wie beispielsweise der italienische Asti Spumante. Man könnte ihn auch als perlend bezeichnen.

Anbaugebiete

Bei dieser kurzen Rundreise möchte ich Ihnen einige der besten Anbaugebiete für Schaumweine vorstellen. Sie umfaßt bereits renommierte Regionen, aber auch »Aufsteiger«-Gebiete und weniger bekannte Regionen, in denen ich einige verborgene Schätze entdeckt habe. Viele Erzeuger sind Besuchern gegenüber sehr aufgeschlossen und bieten ihnen oft auch ein Gläschen ihrer erfrischenden Schaumweine an.

Frankreich: Champagne

Wie kommt es nur, daß dieses Eckchen im Norden Frankreichs so großartige Weine hervorbringt? Manche sagen, es sei der Kalkgehalt des Bodens, der den Trauben ihren ganz besonderen Charakter verleiht. Dann sind es die drei klassischen Traubensorten selbst (andere sind nicht zugelassen): Chardonnay, Pinot Noir und Pinot Meunier (siehe Seite 20). Und natürlich muß man das Klima in Betracht ziehen. Die Region ist relativ kalt und regnerisch. Für Champagner ist das von Vorteil: Je weniger Sonne, desto höher der Säuregehalt; und Reben, die hart »kämpfen« müssen, erzeugen edle Trauben von reinem und trotzdem intensivem Geschmack – ideal, um daraus große Champagner zu keltern. Nicht zu vergessen ist natürlich auch die schwierige Kunst des Verschneidens!

Es ist in der Tat das Zusammenspiel vieler Faktoren, das guten Champagner ausmacht. Die Franzosen sind sehr eigen in bezug auf ihr sprudelndes Erbe. Der Name »Champagner« darf nur innerhalb dieses Anbaugebietes verwendet werden, auch nicht für andere Produkte oder Zwecke. Das Comité Interprofessionel des Vins de Champagne (CIVC) ist jederzeit bereit, Firmen zugunsten des Namensschutzes vor Gericht zu bringen. So war das Modehaus Yves St. Laurent beispielsweise gezwungen, sein Parfum namens »Champagner« zurückzuziehen.

Es sind die Namen der großen, bekannten Häuser, die am leichtesten von der Zunge gehen, wie Moët & Chandon, Piper Heidsieck und Veuve Cliquot. Viele der Häuser können besichtigt werden. Besonders im Herbst, wenn die Reben die Hänge goldbraun färben, wird das ein Wochenendausflug der ganz besonderen Art. Wer in Epernay absteigt, im Herzen der Weinberge, kann zu Fuß von einem Haus zum anderen gehen, jeweils ein, zwei Gläser Champagner trinken und die unterirdischen Keller erkunden. Sie bieten einen wahrlich beeindruckenden Anblick: Kilometer um Kilometer kalter, leicht feuchter Gänge – bei Champagne Mercier sogar ein großer Gewölbesaal, der gelegentlich auch für Bankette genutzt wird –, die schon vor Jahrhunderten in den Kreidefelsen gegraben wurden und heute mit Champagnerflaschen gefüllt sind. So stelle ich mir den Himmel vor.

Loiretal

Das Loiretal besitzt eine lange Tradition in der Herstellung von Schaumweinen, die angeblich älter ist als die in der Champagne. Vor allem nach zwei Sorten sollten Sie Ausschau halten: nach dem perlenden Saumur und dem Vouvray. Überwiegend aus Chenin Blanc-Trauben, der im Loiretal dominierenden Sorte, gekeltert, präsentieren sich diese Weine sanft sprudelnd mit einer zarten Holunderblütennote, die mit zunehmender Reife einen erdigen Charakter mit honigsüßem Anklang annimmt. Die besten moussierenden Saumurs und Vouvrays sind erfrischend und spritzig. Seit Festlegung der Appellation 1976 haben sich die Weine sehr verbessert, da jetzt auch kleine Winzer in sorgfältiger Arbeit eigene Sorten erzeugen.

Elsaß

Der Crémant d'Alsace ist eine vergleichsweise junge Errungenschaft. Einer der bedeutendsten Erzeuger, Dopff ›au Moulin‹, führte die Flaschengärung ein. Die dominierende Rebsorte ist Pinot Blanc; gelegentlich taucht auch ein Chardonnay auf. Die wenigen guten Crémants d'Alsace, die mir bekannt sind, haben ein nussiges Aroma und einen spritzigen Charakter.

Kilometer um Kilometer kalter, leicht feuchter Gänge, die mit Champagnerflaschen gefüllt sind

Limoux

Blanquette de Limoux ist eine wahre Perle, die ich im Hinterland des Languedoc in Südfrankreich aufgestöbert habe. Die besten Sorten werden aus Mauzac-Trauben hergestellt und haben honigartige, würzige Aromen und Geschmackskomponenten mit ansprechend erdigem Charakter. Diese herrlichen Schaumweine sind technisch gesehen »brut«, die aromatischen Trauben verleihen dem Gaumen jedoch ein Gefühl von Süße.

Spanien

Spaniens berühmte Schaumweine sind als Cava bekannt und bieten ein gutes Preis-Leistungs-Verhältnis. Die meisten Sorten werden im katalanischen Anbaugebiet Penedés erzeugt, traditionell unter Verwendung dreier Rebsorten: Macabeo, Parellada und Xarello. Jede Traubensorte sollte ihren unverwechselbaren Charakter in den Wein einbringen, allerdings nehmen Chardonnay-Trauben immer mehr an Bedeutung zu, zum Beispiel wenn ein »Blanc de blancs«-Cava aus Chardonnay-Trauben hergestellt wird. Cava hat einen sehr charakteristischen Geschmack: Er ist viel weicher als Champagner und besitzt leicht blumige, manchmal auch rauchige Noten.

Italien

Die klassischen italienischen Schaumweine, Asti Spumante und Moscato d'Asti, stammen aus Piemont in Norditalien und verdanken ihren Namen dem Bergdorf Asti. Beide Sorten werden aus Muskateller-Trauben hergestellt (italienisch: *Moscato*). Die herrlich süffigen, leicht moussierenden Weine haben einen Alkoholgehalt von etwa 7% und die frischen Geschmacksnoten grüner Trauben. Trotz ihrer leichten Süße weisen sie im Abgang zitrusartige Noten auf. Moscato d'Asti ist der Elegantere von beiden und dabei qualitativ konstanter.

Deutschland

Qualitätsschaumwein wird in Deutschland als Sekt bezeichnet. Um allerdings den Namen »deutscher Sekt« tragen zu dürfen, muß ein Schaumwein zu 100% aus in Deutschland gewachsenen Trauben hergestellt werden, lediglich für die Fülldosage und die Versanddosage sind geringe Mengen ausländischer Weine zulässig. In Deutschland dominiert mit über 90% die Herstellung nach dem Tankgärverfahren. Wer Wert auf Produkte der klassischen Flaschengärung legt, muß nach »Winzersekten« Ausschau halten.

Die Sektherstellung begann in Deutschland 1826 durch Kessler, und schon wenige Jahre später entstanden noch heute existierende Sektkellereien wie Burgeff, Matheus Müller, Deinhard, Henkell und Kupferberg. Darüber hinaus garantieren Namen wie Söhnlein, Carstens und Rüttgers Spitzenqualität. Die Sektindustrie ist stark durch die Markenphilosophie ge-

prägt: Sekte mit Rebsorten- oder Lagenangaben (die nur nach strengen Vorschriften vergeben werden dürfen) sind eine Randerscheinung und tragen eher dem Wein- als dem Sektfreund Rechnung.

Nordamerika

Einmal trank ich in England einen Schaumwein, den ich ohne zu Zögern als einen bedeutenden Jahrgangschampagner klassifiziert hätte – gehaltvoll und samtig, überlagert von herrlichsten Himbeer- und Sahnetönen. Doch weit gefehlt! Es handelte sich um einen kalifornischen Schaumwein, einen wirklich sensationell komplexen Schramsberg Blanc de Noirs. Tatsächlich war es Schramsberg, der bereits 1965 in den USA den Trend zu Schaumweinen begründete, wobei er sich auf das Keltern von Chardonnay, Pinot Noir und Pinot Blanc konzentrierte.

Heute führt Kalifornien qualitativ gesehen die Liste amerikanischer Schaumweine an, dicht gefolgt von seinen Nachbarn Oregon und Washington im Nordwesten und von New York an der Ostküste. Man kultiviert Chardonnay und Pinot Noir in den günstigsten Lagen, die für markante Säure und einen feinen Charakter sorgen. Herausragende, prall-fruchtige kalifornische Schaumweine stammen aus Carneros, Sonoma und den Medocino Counties. Inzwischen haben Kellereien wie Moët & Chandon (Domaine Chandon), Mumm und Taittinger (Domaine Carneros) größere Dépendancen in Kalifornien, genau wie die Cava-Produzenten Freixenet (Gloria Ferrer) und Codorníu.

Australien

Australien ist ein »Muß« für alle Liebhaber schäumender Weine. Der Kontinent bietet bei Schaumweinen eine Vielfalt, die mit der stiller Weine vergleichbar ist. Nicht nur süffige Schaumweine für jede Gelegenheit sind in großer Auswahl vorhanden, sondern ebenso erstklassige, grandiose Sorten für große Anlässe. Lassen Sie sich auf keinen Fall die unvergleichlichen, meist aus fruchtigen Shiraz-Trauben gekelterten Rotweinsorten entgehen. Obwohl in Australien seit mehr als 100 Jahren Schaumweine hergestellt werden, ist wie in Kalifornien seit einigen Jahren ein regelrechter Boom zu verzeichnen. Die australischen Winzer waren klug genug, die kühlsten Regionen zum Anbau der klassischen Rebsorten auszuwählen. Spitzenschaumweine sind meist Verschnitte aus Chardonnay und Pinot Noir, während die süffigeren, fruchtigen Sorten aus mehreren Rebsorten verschnitten werden.

Seit den 80er Jahren produziert Moët & Chandon in der Domaine Chandon in Green Point im Yarra Valley (Victoria) Schaumweine. Sie stehen mit den australischen Seaview- und Seppelt-Schaumweinen aus Green Point für ausgezeichnete Qualität in der mittleren Preisklasse.

Neuseeländische Schaumweine sind noch ziemlich neu auf dem Markt, aber es scheint kein Halten mehr zu geben. Sie zeichnen sich durch eine erstaunliche geschmackliche Tiefe aus.

Neuseeland

Neuseeländische Schaumweine sind noch ziemlich neu auf dem Markt, aber es scheint kein Halten mehr zu geben. Sie zeichnen sich durch eine geschmackliche Tiefe aus, die noch vor zehn Jahren undenkbar war. Das größte Kompliment, das ich Neuseeland machen kann, ist die Mühe, die ich bei der Unterscheidung neuseeländischer Spitzenschaumweine von den besten französischen Champagnern habe. Neuseeland-Schaumweine sind spritzig und trocken mit herrlicher Finesse und Charakter. Die führenden Produzenten sind auf der Südinsel angesiedelt, in der naßkalten Gegend um Marlborough, wo man glücklicherweise den etwas langweiligen Müller-Thurgau zugunsten von Chardonnay und Pinot Noir aufgegeben hat. Auch einige Winzer aus der Champagne haben inzwischen das Potential Neuseelands, phantastische Schaumweine hervorzubringen, erkannt. Daher fusionierte Champagne Deutz mit dem in Marlborough ansässigen Unternehmen Montana, investierte beträchtliche Summen und produziert nun den hervorragenden Marlborough Deutz.

Südafrika

Während viele südafrikanische Schaumweine im *Cuve close*-Verfahren (siehe Seite 19) hergestellt werden – diese werden glücklicherweise vor allem im Inland konsumiert –, tauchen inzwischen aber auch einige verblüffend gute, per Flaschengärung erzeugte Sorten auf. Die Südafrikaner haben eine eigene Bezeichnung für dieses Verfahren, nämlich *méthode cap classique*. Die Zukunft scheint vielversprechend, denn einige hervorragende Weine haben bereits jenseits der Landesgrenzen Fuß gefaßt. Was könnte ein besserer Indikator dafür sein als die Tatsache, daß sich das Champagnerhaus Mumm bereits mit einem der hellsten Sterne am Himmel dieses noch kleinen Wirtschaftszweiges zusammengetan hat, um Mumm Cuvée Cap zu produzieren?

AUSTRALIA
NAPA

Welcher Schaumwein wozu?

Die richtige Wahl

Mittelschwere Schaumweine, gefällig und süffig, mit ausgeprägten Fruchtnoten, harmonisch und voller Geschmack – ausgezeichnet zu Mahlzeiten

Die in diesem Abschnitt vorgestellten Schaumweine sind ausgesprochen vielseitig. Im Gegensatz zu den gehaltvolleren, kräftigeren Sorten, von denen meist ein oder zwei Gläser genug sind, sind diese über viele Stunden hin gute Begleiter. Der wachsende Trend zu offenen Weinen in Kneipen und Bars läßt die Hemmungen fallen, sich ein Glas Sekt oder Champagner zu gönnen, da man nicht gleich Unsummen für eine ganze Flasche ausgeben muß. Auf diese Weise können Sie außerdem viele neue Sorten ausprobieren.

Mit den hier vorgestellten Schaumweinen werden Sie wahrscheinlich sogar Leute bekehren, die auf dieses Getränk eigentlich gar nicht sonderlich erpicht sind. Sie sind recht süffig, eigentlich überall erhältlich und bieten ein gutes Preis-Leistungs-Verhältnis. Zudem können sie gut auch zu Mahlzeiten getrunken werden, denn sie haben ausreichend »Gewicht« und Körper. Ein Champagner Billecart-Salmon Brut Reserve zu Meerbarbe in leichter Vanille-Rahmsauce beispielsweise ist einfach himmlisch. Und wenn Sie selbstgemachte Hamburger und dazu eine große Portion Pommes frites essen, was gäbe es dann Besseres als den amerikanischen Bestseller Korbel Brut?

Sektfrühstück und Brunch

Es hat etwas herrlich Dekadentes, »Schampus« zum Frühstück zu trinken. Stellen Sie sich den Duft von frisch gebrühtem Kaffee und den Anblick warmer Brötchen mit Rührei und Räucherlachs vor. Selbst wenn keine Freunde zu Besuch kommen – brauchen Sie wirklich einen Vorwand, um sich an einem Sonntag Vormittag zu verwöhnen? Diese mittelschweren Schaumweine mit ihrer spritzigen Säure sind ideal, um die morgendliche Trägheit zu vertreiben. Wenn Ihnen nach noch mehr Erfrischung ist, geben Sie einfach etwas Orangensaft hinzu – am besten frisch gepreßten (siehe Seite 109). Zu einem ganz besonderen Frühstück oder Brunch gibt es nichts Besseres als Champagner Perrier Jouët. Er ist von ansprechender Ausgewogenheit und besitzt eine Fülle prägnanter Fruchtanteile und einen leichten Vanilleton im Abgang. Auch der kalifornische S. Anderson Napa Valley Brut mit seinem prickelnd-erfrischenden Zitrus-Charakter ist ein großer Brunch-Sekt.

Weitere Vorschläge zum Thema Sektfrühstück und Brunch finden Sie auf Seite 90.

In Bars und Kneipen

Sie planen, sich nach einer harten Arbeitswoche mit Freunden in Ihrer Lieblingskneipe zu treffen? Auf einen schnellen Drink und etwas Tratsch? Beginnen Sie den Abend stilvoll mit einem Glas Champagner. Entscheiden Sie sich für eine nicht zu leichte Sorte mit fruchtigem Charakter – so richtig zum Genießen. Ich denke an den Champagner Gosset Brut Excellence mit seinen Röstaromen und markanten Fruchtnoten. Er bringt Sie schnell in Stimmung, und die feinen Perlchen machen deutlich, daß jetzt der angenehme Teil des Tages beginnt. Auch der kalifornische Korbel Brut mit seinen würzigen Aprikosen- und Sorbettönen ist eine gute Wahl. Oder probieren Sie einmal die Hausmarke des Lokals. Wenn Sie dazu etwas zu essen bestellen, sollten Sie bei einer Sorte bleiben.

Weitere Vorschläge zum Ausgehen finden Sie auf Seite 56.

Ein Abend zu Hause

Braucht man wirklich noch einen Vorwand, um zu zweit ein Fläschchen Sekt zu trinken, wenn man bei einem guten Film bequem auf dem Sofa sitzt, mit einem leckeren Gericht vom Imbiß an der Ecke auf den Knien? Viele Schaumweine passen überraschend gut zu chinesischen Nudeln und pikant gewürzten Speisen. Zwei wirklich lohnende Sorten für dieses Szenario sind der süffige Angus Brut Pinot Noir Chardonnay aus Australien und der spanische Castell 1909 Cava. Der recht körperreiche Cava mit seinem Anflug von Lakritz und kräftigem, aber cremigem Geschmack im Abgang ist ideal zu vielen fremdländischen Gerichten.

Wenn Sie niedergeschlagen sind und etwas Aufmunterung brauchen, gönnen Sie sich ein Glas Billecart-Salmon Rosé – ein Champagner mit zartem Vanille-Aroma und einem herrlich vollmundigen Geschmack nach Erdbeeren und Sahne. Lassen Sie dazu Ihre Lieblingsmusik laufen. Ein Stück, das mich immer zum Lachen bringt, ist Strauß' Champagner-Galopp mit knallenden Sektkorken, die sehr realistisch wirken.

Weitere Vorschläge für einen Abend zu Hause finden Sie auf Seite 56.

Zum Mittagessen

Ein Glas Sekt macht aus einem einfachen Mittagessen eine prikkelnde Angelegenheit. Verwöhnen Sie sich nach einem langen Einkaufs-Morgen mit einem Glas Sekt und Räucherlachs. Gloria Ferrer Blanc de Noirs mit seinem zarten Roséton und den Aromen roter Früchte ist ein sensationeller Schaumwein aus Kalifornien. Auch der elegante Mumm de Cramant Grand Cru mit seinem buttrigen Röstaroma paßt wunderbar zu Lachsgerichten aller Art. Ein erfrischender Begleiter zum Mittagessen ist auch der Lindauer Special Reserve aus Neuseeland mit seinem extravagant-ansprechenden, leicht biskuitartigen Hefeton im Abgang. Und mit dem großartigen, pinkfarbenen Angus Brut Rosé aus Australien kann man gar nichts falsch machen.

Weitere Vorschläge fürs Mittagessen finden Sie auf den Seiten 61 und 75.

Verführung pur

Domaine Carneros ist ein kalifornischer Spitzenschaumwein, den man einfach probieren muß. Er wird in Zusammenarbeit mit dem Champagnerhaus Taittinger hergestellt und ist mit seinem cremi-

Einer meiner Favoriten aus Australien ist der Yalumba Cuvée One Pinot Noir Chardonnay mit seinen ausgeprägten Himbeer- und Vanilletönen.

gen Aroma und seiner Fülle roter Fruchtnoten wirklich hervorragend. Wie ich in meinen Verkostungsnotizen festgehalten habe, schmeckt er »im Nachklang äußerst verführerisch«. Er wäre die geeignete Wahl für Ihre nächste Verabredung, wenn Sie Hintergedanken haben. Auch Billecart-Salmon Brut ist ein hochklassiger Champagner, feinnervig und vielschichtig im Geschmack mit sahnigem Vanille-Aroma. Die Kombination mit Austern in einer Schalotten-Vinaigrette ist exquisit und ein denkbar kraftvolles Aphrodisiakum.

Ein sehr überzeugender Schaumwein aus Südafrika ist Cabriere Estate's Pierre Jourdan Cuvée Belle Rose. Reinsortig aus Pinot Noir gekeltert, besitzt er nur einen Anflug von roséfarbener, sinnlich-sanfter Fruchtigkeit und ist knackig-frisch im Abgang. Lindauer Special Reserve ist ein herrlicher Tropfen für ein Treffen zu zweit – oder für jede Gelegenheit, zu der man etwas Besonderes genießen möchte. Er gehört zu den Sorten aus Neuseeland, deren hohe Qualität am konstantesten ist.

Weitere verführerische Vorschläge finden Sie auf den Seiten 58 und 84.

Einen ruhigen Abend mit einer Magnum-Flasche zu verbringen, ohne Aperitif vorweg und nur mit einem Cognac danach, ist für zwei intime Freunde oder für Liebende einfach wunderbar.

Die schlimmsten Momente sind die, die von der Konvention diktiert werden: In einer Menschenmenge oder auf einem Hochzeitsempfang. Evelyn Waugh, *New York Vogue*, 1937

Parties

Bei meinen besten Parties gab es eigentlich immer Champagner. Man benötigt für eine tolle Party natürlich nicht unbedingt eine so grandiose Kulisse wie in Versailles (siehe Seite 10), denn die knallenden Korken verbreiten sofort eine unvergleichliche Partyatmosphäre, wie elegant oder zwanglos das Umfeld auch sein mag. Sie werden zudem feststellen, daß die »Bombenstimmung« auf Champagner-Parties eigentlich nie abfällt.

Immer wieder tauchen bei Geburtstags-Parties neue Modedrinks auf, aber als wirklich »cool« gilt durchgängig eigentlich nur »Schampus«. Eine mittelschwere fruchtige Sorte mit verhaltener Säure erfreut sich immer und überall großer Beliebtheit. Ein australischer Seaview Brut mit leicht rauchigem Aroma und mildfruchtigem Charakter ist eine preiswerte Wahl für große Parties, der süffige, knakkig-frische Korbel Brut hingegen ist ein guter Allroundsekt. Wenn Ihr Budget etwas

großzügiger bemessen ist, können Sie sich auch einen Champagner Mumm Cordon Rouge mit delikater Eiscreme-Soda-Komponente leisten.

Für Einladungen, bei denen das Essen im Vordergrund steht – besonders, wenn Garnelen oder Austern gereicht werden –, ist ein feiner Champagner von mittelschwerem Körper unschlagbar. Veuve Cliquot Brut mit seinem kräftigen, stilvollen Aroma und cremigen Fruchtnoten paßt hervorragend zu Austern. Wenn Ihnen der Gedanke an Champagner mit leichtem Röstaroma gefällt, servieren Sie Gosset Grande Réserve. Er besitzt reichhaltige Aprikosen- und Pfirsicharomen und klingt mit einer herrlich exotischen Fruchtnote aus. Wie bei vielen guten Champagnern ohne Jahrgangsangabe lohnt es sich auch bei diesem, einige Flaschen auf die Seite zu legen; mit den Jahren gewinnt er noch dazu. Mein nächster Vorschlag ist einer meiner Favoriten aus Australien, der Ihre Gäste sicher beeindruckt: der Yalumba Cuvée One Pinot Noir Chardonnay mit seinen ausgeprägten Himbeer- und Vanilletönen. Die Verpackung erinnert mich immer ein wenig an Champagner Bollinger, und der Inhalt ist fast ebenso komplex und erstklassig.

Weitere Vorschläge für Parties finden Sie auf den Seiten 61, 71 und 85.

Grillparties

Wenn Sie Freunde zum Grillen erwarten, unterhalten Sie sie in der Zeit, bis die Kohle glüht, mit einem guten, süffigen Sekt. Die Australier gelten ja als Meister im Grillen, daher liegt es nahe, australischen Schaumwein zu servieren. Einer meiner Lieblingssorten ist Green Point, der in Zusammenarbeit mit dem Champagnerhaus

Es gibt Menschen, die aus einer inneren Veranlagung heraus nur an der Abwechslung Vergnügen finden. Wer aber das Lob des Champagners auf Kosten des Bordeauxweins singt, sagt damit eigentlich nicht mehr als: »Mir ist Champagner lieber.« Jeder dieser Weine hat seine Anhänger, und beide Seiten haben recht.

Stendhal

Moët & Chandon erzeugt wird. Obwohl es sich um einen Jahrgangsschaumwein handelt – während ich dies schreibe, ist es der 1995er – (siehe Seite 80–95), ist er von gleichbleibender Qualität und zeichnet sich durch sein herrlich intensives, leicht röstartiges Aroma und exzellent ausgewogene Fruchtnoten aus. Dieses anspruchsvolle Getränk bewahrt Ihre Gäste mit Sicherheit vor dem Verhungern, bis die Kohle glüht.

Herrlich ist auch der australische Angus Brut Pinot Noir Chardonnay, der eine Fülle fruchtiger Veilchennoten aufweist. Er schmeckt ausgezeichnet zu mariniertem oder mit Kräutern gewürztem Fleisch oder zu Fisch. Wer einen Rosé vorzieht, kann einen Lindauer Brut Rosé mit prägnantem Schwarzkirscharoma wählen. Auch späte Gäste brauchen hier nicht auf ihr Gläschen zu verzichten, denn dieser neuseeländische Schaumwein schmeckt ebensogut zu gegrilltem Fisch wie zu Gemüse-Kebabs oder würzigem Hähnchen.

Manche Cavas haben nahezu rauchige Fruchtkomponenten, die bestens mit Gegrilltem harmonieren, ebenso mit viel Knoblauch. Zu Grillhähnchen, Forelle und zu allen Gerichten mit süß-saurer Sauce kann ich wärmstens einen Castell 1909 Cava empfehlen.

Weitere Vorschläge zu Grillparties finden Sie auf den Seite 8 und 61.

Picknicks

Ganz gleich, wie Sie Ihr Picknick gestalten, ein mittelschwerer Sekt oder Champagner ist das probate Mittel, alle munter zu halten. Sehr gern nehme ich den Jacquart Brut Mosaïque mit zum Picknick. Er ent-

Der cremige Domaine Carneros aus Kalifornien bietet sommerlich-fruchtigen Genuß.

wickelt am Gaumen eine Fülle eleganter himbeer- und veilchenartiger Aromen und ruft bei mir immer die Erinnerung an frische Beeren und Sommer-Puddings wach; daher finde ich ihn für jede Art von Gelage im Freien optimal. Sommerliche Assoziationen weckt in mir auch die Rebsorte Chenin Blanc, aus der im Loiretal Vouvray hergestellt wird. Sie besitzt ein leicht honigartiges Aroma und ist stark aromatisch. Am meisten schätze ich den Marc Brédif Brut Vouvray. Auch der cremige Domaine Carneros aus Kalifornien bietet sommerlich-fruchtigen Genuß.

Einmal besuchte ich mit einigen Freunden ein Open-air-Konzert mit anschließendem Feuerwerk in Highclere Castle in Berkshire. Danach machten wir ein grandioses Picknick mit Lachs, Wachteleiern und Hummer, und zur Begleitung gab Magnum-Flaschen mit gekühltem Champagne Heidsieck Dry Monopole (siehe Seite 54–67). Den kräftigen Fruchtgeschmack und die hintergründigen, recht üppigen Töne von Zitronen-Baiser im Nachgeschmack konnte uns selbst ein leichter Regenschauer nicht verderben. Wer auch beim Picknick Wert auf einen gewissen Stil legt, sollte einige Flaschen Champagne Mumm de Cramant Grand Cru einpacken, der reinsortig aus Chardonnay-Trauben gekeltert wird. Er besitzt ein angenehmes Röstaroma und buttrige, leicht rauchige Fruchttöne. Er paßt praktisch zu allem, von Garnelen bis hin zu pikant gewürzten Würstchen.

Auch der süffige, preiswerte Seaview Brut ist ein Gewinn für ein Picknick. Wenn Sie allerdings einen wirklich erfrischenden Rosé suchen, würde ich lieber einen Lin-

MOËT
BRUT IMPÉRIAL
1829
BRUT IMPÉRIAL
MOËT & CHANDON
CHAMPAGNE
À EPERNAY
FRANCE
FONDÉ EN 1743

Gehen Sie ruhig auch einmal ungewöhnliche Wege und servieren Sie einen Rosé, zum Beispiel einen kalifornischen Korbel Brut Rosé mit delikatem himbeerartigem Geschmack.

dauer Brut Rosé mit markanten Schwarzkirschnoten servieren. Auch er paßt eigentlich zu allem. Wofür auch immer Sie sich entscheiden, sorgen Sie dafür, daß Ihr Sekt gut gekühlt ist, bevor Sie aufbrechen. Wenn man die kalten Flaschen in Zeitungspapier wickelt, bleiben sie relativ kühl, sehen dann allerdings wenig elegant aus. Man kann natürlich auch einen der schicken Sektkühler benutzen, die genau um die Flasche passen – für Picknicks äußerst praktisch.

Weitere Vorschläge für Picknicks finden Sie auf Seite 65.

Abendgesellschaften

Für eine Abendeinladung in entspannter Atmosphäre eignet sich ein Schaumwein mit mittelschwerem Körper am besten. Es ist ein Genuß, vor dem Essen in aller Ruhe ein, zwei Gläschen fruchtig-süffigen Sekt zu trinken, zum Beispiel einen S. Anderson Napa Valley. Gehen Sie ruhig auch einmal ungewöhnliche Wege und servieren Sie einen Rosé, zum Beispiel einen kalifornischen Korbel Brut Rosé mit delikatem himbeerartigem Geschmack. Wenn Sie auch zum Essen die Sorte lieber nicht wechseln möchten, ist ein Rosé meist eine gute Wahl, besonders wenn es Lamm, Schwein, Huhn oder Fisch gibt. Ein Champagner Louis Roederer Brut Rosé ist zart hellrosa, hat ein leichtes, elegant-frisches Fruchtaroma und einen himmlischen Abgang: Himbeeren und Sahne. Beide Rosés habe ich zu einem zarten Lamm mit rotem Johannisbeer-Gelee genossen. Die Rotfruchtkomponenten des Champagners unterstreichen die Süße des Gelees.

Selbst das einfachste Abendessen wird mit einem Glas Schaumwein plötzlich interessant. Korbel Brut zum Beispiel paßt überraschend gut zu Hamburgern. Ein Lachs-Gedeck mit Sauce Hollandaise wird durch den relativ üppigen Billecart-Salmon Rosé ein wahres Gedicht. Dessen weiße Entsprechung, der Billecart-Salmon Brut Réserve, ist gewissermaßen unser Hausfreund. Aufgrund der Harmonie zwischen seinem leichten Röstaroma und seiner fruchtigen Eleganz könnte man ihn fast als sexy beschreiben. Probieren Sie ihn zu Fisch und Sahnesaucen – einfach hinreißend. Auch den Joseph Perrier Cuvée Royale kann ich nur wärmstens empfehlen. Ein milder Champagner, der aber elegant und aromatisch genug ist, um zu verschiedenen Vorspeisen gereicht zu werden: von Artischocken mit Spargel bis hin zu gebratenen Jakobsmuscheln.

Weitere Vorschläge für Abendgesellschaften finden Sie auf den Seite 61 und 76.

Bei meinen besten Parties gab es eigentlich immer Champagner. Knallende Korken verbreiten sofort eine unvergleichliche Party-

atmosphäre. Sie werden zudem feststellen, daß die »Bomben-
stimmung« auf Champagner-Parties nie abfällt.

Hochzeiten

Ein guter Sekt oder Champagner ist auf Hochzeiten ein absolutes Muß, ob man nun im kleinen Familienkreis feiert oder in aller Form einen großen Empfang gibt. Ihre Gäste werden von einem fruchtig-süffigen und trotzdem stilvollen Champagner begeistert sein. Es gibt einige herausragende Marken, die ich empfehlen kann. Moët & Chandon mit seinem samtigen Bukett und der fast süßen, apfelähnlichen Note beispielsweise kommt immer gut an. Der Billecart-Salmon Brut Réserve gehört seit jeher zu meinen bevorzugten Hochzeits-Champagnern. Sehr zu empfehlen ist weiterhin der Gosset Brut Excellence. Dank seines kräftigen Fruchtgeschmacks ist er stets willkommen.

Champagner oder Sekt für die Hochzeit muß nicht teuer sein. Probieren Sie an einem heißen Sommertag den honigsüßen Brut Vouvray von Marc Brédif. Der australische Yalumba Cuvée One Pinot Noir Chardonnay ist sehr stilvoll und verfügt über verführerische Himbeer- und Vanillenoten. Wenn Sie planen, auch einen Kir Royal zu servieren, sind diese sommerlich-fruchtigen Geschmacksnoten ideal. Nicht weniger beeindruckend ist der cremige Domaine Carneros aus Kalifornien. Ein moussierender Rosé macht sich bestens auf Hochzeiten, besonders ein so stilvoller wie der von Erdbeertönen geprägte Etoile Rosé aus der kalifornischen Domaine Chandon. Für den Toast auf die Frischvermählten ist ein Jahrgangssekt oder -champagner angebracht (siehe Seite 80–95). Sorgen Sie dafür, daß es ständig prickelt…

Weitere Vorschläge für eine Hochzeit finden Sie auf den Seiten 10, 65, 72 und 86.

Verkostungsnotizen

Ein kurzer Überblick über die besten Schaumweine mit mittlerem Körper

Deutschland

Martin Heim Gewürztraminer Trocken o. J. *Elegant und würzig mit Aromen von Muskat und Anis*

Frankreich – Champagne

Billecart-Salmon Brut Réserve o. J. *Zurückhaltend, komplex, mit samtigen Vanillekomponenten*

Georges Gardet Cuvée Flavy o. J. *Hefig, mit einer Fülle ausgeprägter Fruchtnoten*

Gosset Brut Excellence o. J. *Mit Röstaroma und prägnantem Fruchtgeschmack*

Gosset Grande Réserve o. J. *Aprikosen- und Pfirsichnoten, tropische Frucht im Abgang*

Jacquart Brut Mosaïque o. J. *Elegant, mit Geschmack nach Himbeeren und violetten Früchten*

Joseph Perrier Cuvée Royale o. J. *Eleganter, an Apfelkuchen erinnernder Champagner*

Moët & Chandon o. J. *Cremig, mit einem Hauch von süßen Äpfeln*

Mumm Cordon Rouge o. J. *Eiscreme-Soda-Champagner*

Mumm de Cramant Grand Cru o. J. *Elegant mit buttrigem, röstartigem Aroma*

Perrier-Jouët o. J. *Herbfrischer Champagner, leichte Vanillenote im Abgang*

Piper Heidsieck o. J. *Honigsüßes Aroma mit samtigem, karamelartigem Fruchtgeschmack*

Veuve Clicquot Brut o. J. *Stilvoller, cremiger Champagner*

Frankreich – Champagner Rosé

Billecart-Salmon Rosé o. J. *Delikat, mit Erdbeer- und Sahnearomen*

Louis Roederer Brut Rosé o. J. *Leichter, eleganter »Himbeeren-mit-Sahne«-Rosé*

Frankreich – Loire

Marc Brédif Brut Vouvray *Zart parfümiert mit honigartigem Aroma*

Kalifornien

Domaine Carneros o. J. *Leckerer, samtiger Sekt mit roten Fruchtanteilen*

Korbel Brut o. J. *Süffig, mit würzigen Aprikosen- und Sorbetnoten im Vordergrund*

Kalifornien – Rosé

Gloria Ferrer Blanc de Noirs o. J. *Zarter, blaßrosa Farbton mit dem Aroma roter Früchte*

Korbel Brut Rosé o. J. *Elegant, enthält jede Menge appetitlich fruchtiger Himbeernoten*

Australien

Angus Brut Pinot Noir Chardonnay o. J. *Blumig, mit veilchenartiger Fruchtkomponente*

Yaldara Reserve Brut o. J. *Leichter Party-Sekt mit Apfel- und Holunderblütennoten*

Yalumba Cuvée One Pinot Noir Chardonnay o. J. *Komplex, mit Himbeer- und Vanillenoten*

Australien – Rosé

Angus Brut Rosé o. J. *Herrlich süffiger Rosé, der immer schmeckt*

Neuseeland

Lindauer Special Reserve o. J. *Weich, mit Hefe- und Biskuitnoten*

Neuseeland – Rosé

Lindauer Brut Rosé o. J. *Mit markantem Schwarzkirsch-Fruchtgeschmack*

Spanien

Castell 1909 Cava o. J. *Aroma von weißer Schokolade mit Lakritz- und Sahnenoten im Abgang*

Südafrika

Cabriere Estate Pierre Jourdan Cuvée Belle Rose o. J. *Mild fruchtig, mit ausgewogener Säure*

Schaumweine zum Aperitif

Leicht und elegant, frisch und feinnervig im Geschmack – ideal zum Purtrinken oder als Aperitif.

Schaumwein ist ein anregendes und gleichzeitig feierliches Getränk. Ich finde, »Sektlaune« verlangt geradezu nach einem – wie ich ihn nenne – Aperitifsekt. Wenn Sie Ihren Sekt gern feinnervig mögen, sind die hier vorgestellten Sorten genau das Richtige für Sie. Sie sind leicht und elegant, schmecken hervorragend allein, wirken Wunder als »Eisbrecher« auf Parties, wenn die Leute einander vorstellen, und bringen jeden in Stimmung.

Das Gute an Sekt als Aperitif ist, daß man nicht mit Hochprozentigem, Mixer, Eis oder Zitrone herumhantieren muß. Alles was man benötigt, sind schöne Gläser und die Gewißheit, daß der Sekt gut gekühlt ist. Und wenn Sie den Sekt aus einer Magnum-Flasche servieren, können Sie sicher sein, daß Ihre Gäste beeindruckt sind.

In diesem Abschnitt finden Sie Schaumweine für jeden Geschmack und jeden Geldbeutel. Obwohl die meisten schon allein als Aperitif köstlich schmecken, besitzen sie genug »Eigengewicht«, um mit leichten Speisen zu harmonieren. Es gibt viele Gelegenheiten, zu denen Sie ein stilvolles Glas – ohne alles – genießen können (vielleicht während Sie an der Bar auf Ihre Freunde warten?), und ebensoviele andere Gelegenheiten, zu denen Sie diese edlen Tropfen gemeinsam mit den unterschiedlichsten Gerichten servieren können.

In Bars und Restaurants

Die Vorfreude auf einen angenehmen Abend wird durch ein erfrischendes Glas Sekt noch schöner. Eine der großen Errungenschaften der modernen Restauration ist die immer größer werdende Auswahl an offenen Schaumweinen. Halten Sie nach einem Lindauer Brut Ausschau: Mit seiner ungewöhnlichen Melonennote und dem trockenen, frisch-fruchtigen Charakter wird er Ihre Geschmacksknospen sicher aufblühen lassen! Der Cuvée Napa Brut aus dem Hause Mumm mit seinem Apfelsorbet-Bukett ist eine eindrucksvolle Alternative. Wenn es aber echter »Schampus« sein soll, ist ein Fläschchen des ausgesprochen gut trinkbaren Heidsieck Monopole das einzig Wahre – leicht und elegant, mit einem Hauch von Apfel.

Weitere Vorschläge für Bars und Restaurants finden Sie auf Seite 34.

Sekt zum Mitbringen

Eine gute Flasche Sekt oder Champagner als Mitbringsel ist eine ausgezeichnete Idee. Ob man nun zum Essen eingeladen ist oder nur kurz vorbeischaut, über einen prickelnden Aperitif freut sich garantiert jeder. Der leichte, sorbetähnliche Champagner Lanson Black Label Brut ist eine »idiotensichere« Wahl und schmeckt besonders gut zu knackigen Rohkostplatten mit Dips. Ein bezahlbarer und trotzdem schmackhafter, leichter Aperitif für jeden Geschmack ist der australische Yaldara Reserve Brut Rosé.

Einfach so

Es gibt Augenblicke, da ist einem einfach nach einem wirklich guten Sekt oder Champagner – zum Beispiel in der Badewanne. Mein Favorit für diesen Fall ist der Pol Roger White Foil, eine der feinsten leichten Champagnersorten, die auf dem Markt sind.

Auch ein Rosé kann etwas Dekadentes haben, zum Beispiel der kalifornische Codorníu Napa Rosé mit seiner zarten Erdbeer- und Himbeernote. Die Auswahl ist grenzenlos und hängt von Ihrer Stimmung ab. Viel Qualität fürs Geld bekommt man bei einem spanischen Spitzen-Cava. Cavas trinken sich oft viel angenehmer als namenlose Champagner zum selben Preis. Zwei Vertreter, die einem das Wasser im Mund zusammenlaufen lassen, sind Codorníu Cuvée Raventós und Freixenet Cordón Negro. Der süffige Raventós ist leicht und dennoch komplex, samtig in der Nase und mit weicher, blumiger Frucht; der auf

schwarze Flaschen gezogene Cordón Negro dagegen besitzt ein wahrlich verführerisches Aroma und eine an Apfelsorbet erinnernde Fruchtigkeit.

Manchmal weiß ich nicht recht, ob mir eher nach würzig oder nach süßlich ist. Dann ist ein kühles Glas italienischer Schaumwein wie der exquisit duftende Moscato d'Asti aus dem Hause Marco Negri eine wunderbare Lösung. Mit einer Spur von Süße im Abgang wird er zum köstlichen Durstlöscher.

Weitere Empfehlungen für solche Momente finden Sie auf Seite 35.

»Schampus« zu zweit

Jede romantische Liebelei, vor allem, wenn sie sich zu einer bedeutsameren Affäre entwickeln könnte, benötigt einen guten Schaumwein. Nichts geht über ein elegantes, prickelndes Glas Champagner als Auftakt für einen ganz besonderen Abend. Meine erste Wahl für diese Gelegenheit ist ein Pol Roger White Foil. Er hat ein angenehm elegantes Aroma mit Ingwer- und Sahnetönen, ist durch seine ansprechende Säure perfekt ausgewogen und köstlich im Abgang. Als Verkostungsnotiz habe ich schlicht »flüssiger Sex in der Flasche« fest-

EIN GUTER SPANISCHER SEKT HAT EINE ZWIEFACHE WIRKUNG AN SICH. ER STEIGT EUCH IN DAS GEHIRN, … MACHT ES SINNIG, SCHNELL UND VOLL VON BEHENDEN, FEURIGEN UND ERGÖTZLICHEN BILDERN; WENN DIESE DANN DER STIMME, DER ZUNGE ÜBERLIEFERT WERDEN, … SO WIRD EIN VORTREFFLICHER WITZ DARAUS. DIE ZWEITE EIGENSCHAFT UNSERES VORTREFFLICHEN SEKTS IST DIE ERWÄRMUNG DES BLUTS … ER ERLEUCHTET DAS ANTLITZ, … UND DANN STELLEN SICH ALLE DIE INSASSEN DES LEIBES UND DIE KLEINEN LEBENSGEISTER IHREM HAUPTMANN, DEM HERZEN, WELCHES, DURCH DIESES GEFOLGE GROSS UND AUFGESCHWELLT, JEGLICHE TAT DES MUTES VERRICHTET.

William Shakespeare, *König Heinrich IV.*

gehalten. Dem ist nichts mehr hinzuzufügen. Doch keine Sorge, nicht jede Verabredung muß teuer sein, und oft tut es auch ein preiswerter Rosé. Eine meiner Lieblingssorten ist der Cuvée Napa by Mumm Rosé. Er ist frisch und blumig und hat eine ausgeprägt süffige Fruchtkomponente.

Weitere Empfehlungen für romantische Momente finden Sie auf den Seiten 35 und 84.

Gemütliches Mittagessen

Wenn Sie Freunde zum Essen erwarten, sorgen Sie mit einem guten Aperitif für den richtigen Start. Sowohl mit dem aromatischen Blanquette de Limoux, Plan Pujade, aus Südfrankreich als auch mit einem zitronigen, leicht süßlichen Schaumwein aus der Saumur-Region im Loire-Tal sind Sie gut beraten. Probieren Sie den leicht schäumenden Bouvet Saumur Brut mit seinen ausgeprägten, sanft blumigen Fruchtnoten – er ist erfrischend und durstlöschend. Auch der Gloria Ferrer Sonoma Brut mit einer Spur von Äpfeln und Kräutern im Geschmack ist ein hervorragender Aperitif vor dem Mittagessen. Diese Leichtgewichtigeren kalifornischen Sorten haben genau das richtige Maß an Fruchtigkeit, so daß sie sowohl gute Begleiter zum Essen als auch pur ein Genuß sind. Cava ist ein weiterer klassischer Aperitif. Allein schmeckt er hervorragend, paßt aber aufgrund seines prägnanten Eigengeschmacks sogar zu Oliven mit Knoblauchfüllung. Probieren Sie einmal einen Sandora Blanc de Blancs Cava Brut mit eleganter, erdiger Fruchtnote und einem Anklang von Butter im Abgang.

Weitere Vorschläge für ein gemütliches Mittagessen finden Sie auf Seite 35.

Ganztags-Parties

Früh am Tag, wenn man etwas Belebendes braucht, sind Schaumweine eine gute Wahl. Leichte, erfrischende Aperitifsorten sind in diesem Fall ideal, und häufig sind sie sogar recht preisgünstig. Gut für Parties ist zum Beispiel der leichte Asti Spumante. Mit seinem niedrigen Alkoholgehalt, seiner sanften Säure und einem Hauch Süße im Abgang ist er wie geschaffen zum Pur-Trinken. Wenn Sie das nächste Mal eine Party geben, verführen Sie Ihre Gäste doch einfach mal zu einem Asti Spumante, zum Beispiel zum Extra Brut von Bruno Giacosa.

Wenn Sie leichte, weiche Sorten lieben, wie steht es dann mit einem aus Chenin Blanc-Trauben gekelterten Schaumwein aus dem Loiretal, zum Beispiel mit Langlois Crémant de Loire? Er ist weich, honigsüß und blumig, im Abgang holunderartig – ein wunderbar milder Aperitif. Schaumweine aus Chenin Blanc-Trauben sind immer gute Begleiter für schmackhafte Appetithäppchen, und besonders gut passen sie zu Räucherforellen-Pastete auf Pfirsich-Melba-Toast, einer Rohkostplatte mit Pilzen und zu Tomaten-Tartelets.

Auch viele Cavas sind als Aperitif ein guter Tip. Einer meiner Favoriten ist der Rondel Premier Cuvée Brut. Er ist leicht, frisch, blumig und süffig. Wer Erdnüssen und Salzstangen nicht widerstehen kann, sollte wissen, daß die spritzigen, erfrischend herben Cavas bestens mit salzigen Knabbereien harmonieren. Für mehr Stil sorgt der erfrischende Lanson Black Label. Oder servieren Sie ein Glas süffigen Mercier. Ein weiterer großer Party-Sekt ist der australische Yaldara Reserve Brut. Wer einen Rosé vorzieht, der zudem weniger kostet als Champagner, kann mit australischen Sorten wie Seppelt Great Western Brut Rosé nichts falsch machen. Dieser Schaumwein paßt hervorragend zu Garnelen und Austern, kleinen Fischtörtchen oder Miniquiches mit Räucherlachs.

Weitere Vorschläge für Parties finden Sie auf den Seiten 40 und 71.

Sonntag mittags

Mein sonntägliches Mittagessen daheim mit der ganzen Familie ist zur Legende geworden. Eigentlich wundert das nicht, wenn man bedenkt, daß ich acht Geschwister habe, die alle ihren »Anhang« mitbringen. Bei so vielen Schaumweinfans in der Familie beginnen wir unvermeidlich mit »Prickelwasser«. Der Champagner Marke Heidsieck Monopole ist leicht, elegant, mit apfelartiger Note und schmeckt ausgezeichnet. Oder wie wäre es, bei vergleichbaren Zusammenkünften eine meiner Lieblingssorten aus Kalifornien zu probieren, den frischen, blumigen Cuvée Napa by Mumm Rosé mit roten Fruchtaromen? Er hat den Vorteil, nur halb so teuer zu sein wie sein Gegenstück aus der Champagne. Diese Sorten schmecken wunderbar zu Räucherlachs oder dunklem Mischbrot, zu Crostini, Knoblauch-Croûtons mit Pesto oder Kirschtomaten mit Basilikum und Schafskäse.

Abendessen

Anläßlich einer einfachen Abendmahlzeit mit Freunden kann man mit einem Glas »Tiramisù« (siehe Seite 110) zu Beginn des Abends nichts falsch machen. Der leichte, süffige Gloria Ferrer Sonona Brut aus Kalifornien bietet sich hierfür an, ebenso wie der apfelfruchtige Yaldara

MUMM
NAPA

Reserve Brut aus Australien. Ein weiterer australischer Favorit ist der Cockatoo Ridge Brut, der ein apartes, sorbetartiges Aroma und gute Säure aufweist. Servieren Sie diese australischen Sorten entweder pur oder mit einem Tröpfchen Crème de Cassis als Kir Royal (siehe Seite 109) – ein aufregender Aperitif, der so aussieht, als sei seine Herstellung sehr aufwendig.

Weitere Vorschläge für ein Abendessen finden Sie auf Seite 47.

Festessen

Eine Feier ist immer ein Grund, sich etwas zu gönnen. Wenn Sie dafür einen wirklich guten Rosé-Champagner suchen und großzügige Verwandte oder Freunde dazu überreden können, einen zu spendieren, dann gibt es nichts Feineres als Krug Rosé. Dieser Champagner ist einfach exquisit und zudem ein himmlisch leichter Aperitif. Er ist sehr hell in der Farbe und besitzt wunderbar ausgewogene rote Fruchtaromen. Sollte das nicht klappen, servieren Sie einen Pol Roger White Foil oder einen R. de Ruinart Brut – beides elegante, feinnervige und stilvolle Champagner.

Aber es steht nicht nur Champagner zur Wahl. Zu besonderen Gelegenheiten kann man kaum etwas Besseres servieren als einen Croser (siehe Seite 80–95). Der Jahrgang 1994 gehört zu den feinsten australischen Vertretern, und sein außergewöhnlicher Fruchtgeschmack ist wahrhaft stilvoll. Als Aperitif ist er ausgezeichnet und wird mit Sicherheit für einen prickelnden Start sorgen. Seit neuestem bringt auch Südafrika einige wirklich aufregende Schaumweine im klassischen »Champagnerstil« auf den Markt. Krone Borealis Brut, Cap Classique ist eine phantastische Kombination sanfter Fruchtaromen mit angenehmer Säure, die ihn zum idealen – und gänzlich unerwarteten – Begleiter eines Festessens macht.

Ich bin nur Bier-Abstinenzler,
kein Champagner-Abstinenzler.

George Bernard Shaw, *Candida*

Der vornehm blasse Piper Heidsieck Rosé paßt gut zu Garnelen, Räucherlachs und Zwiebelküchlein.

Feiern im Freien

Die besten Gartenfeste, gleich zu welcher Tages- oder Nachtzeit, beginnen mit einem Glas Schaumwein, der auch bei schlechtem Wetter die Atmosphäre aufheitert. Selbst an verregnete Sommertage habe ich angenehme Erinnerungen, weil es den leichten, an Vanillesorbet erinnernden Champagner Canard-Duchêne zu trinken gab. Oder wie wäre es, zur Abwechslung einmal einen Crémant aus dem Elsaß zu probieren, mit blumigem, fast würzigem Charakter und sanftem Sprudeln? Der Crémant d'Alsace Dopff ›au Moulin‹ Cuvée Julien besitzt eine Fülle duftender Fruchtaromen – genau das Richtige für einen heißen Sommertag.

England galt früher nie als ernstzunehmender Hersteller von Schaumweinen. Das hat sich jedoch mit dem Erscheinen von Nyetimber Blanc de Blancs 1992 (siehe Seite 85 und 95) und Chapel Down Epoch Brut geändert. Letzterer ist sehr eigenwillig, mit ungewöhnlichen Ingwer- und Holundernoten in Bukett und Geschmack. Mich erinnert dieser Schaumwein immer an den Duft von Sommerblüten und frisch gemähtem Gras.

Weitere Vorschläge für Feste im Freien finden Sie auf den Seiten 42 und 75.

Hochzeiten

Zu einer anständigen Hochzeit gehört einfach ein wirklich erlesener Champagner, um die Gäste zu begrüßen. Laurent-Perrier ist einer meiner bevorzugten Sorten für Hochzeiten, trocken mit stahligem Apfelaroma. Oft ist ein Rosé ein ganz ausgezeichneter Aperitif. Der vornehm blasse Piper Heidsieck Rosé mit seiner ausgefallenen Veilchennote ist in diesem Fall eine exzellente Wahl. Er schmeckt gut pur, paßt aber auch zu unterschiedlichen leichten Speisen wie Champagner-Garnelen (siehe Seite 116), Räucherlachs, Mini-Kebabs und Zwiebelküchlein. Gästen einen Champagner oder einen guten Sekt als Willkommenstrunk zu reichen muß nicht heißen, monatelang dafür zu sparen. Es sind auch gute, bezahlbare Sorten auf dem Markt, zum Beispiel der Gloria Ferrer Sonoma Brut oder ein Cava wie der Codorníu Cuvée Raventós. Der Cava schmeckt auch hervorragend zu Knabbereien.

Weitere Vorschläge für Hochzeiten finden Sie auf den Seiten 10, 51, 72 und 86.

Verkostungsnotizen

Ein kurzer Überblick über die besten Schaumweine zum Aperitif

Frankreich – Champagne

R. de Ruinart Brut o. J. *Leichte, elegante Erdbeer-Fruchtnote*

Canard-Duchêne o. J. *Verhalten, mit Vanille- und Sorbettönen*

Heidsieck Dry Monopole Brut o. J. *Leicht, elegant, mit einer Apfelsorbet-Note*

Mercier o. J. *Süffiger Party-Champagner*

Pol Roger White Foil o. J. *Eleganter, ausgewogener Charakter mit einem Hauch von Ingwer und Sahne*

Lanson Black Label Brut o. J. *Leicht und sorbetartig*

Laurent-Perrier o. J. *Stilvoll und frisch, mit Apfel-Zitrusnoten*

Frankreich – Champagne Rosé

Piper Heidsieck Rosé Brut o. J. *Extravagant, veilchenähnliche Aromen und Geschmacksnoten*

Krug Rosé o. J. *Sehr hell, exquisite Rotfruchtnoten*

Übriges Frankreich

Langlois Crémant de Loire *Milder, blumiger, holunderblütenartiger Schaumwein*

Dopff ›au Moulin‹ Cuvée Julien, Crémant d'Alsace *Leicht, mit dominanter Frucht*

Blanquette de Limoux, Plan Pujade *Aromatisch, mit einem Hauch Sahne*

Bouvet Saumur Brut *Weicher Fruchtgeschmack mit blumiger Honignote*

Kalifornien

Cuvée Napa by Mumm Brut o. J. *Aroma und Geschmacksnoten von Apfelsorbet*

Gloria Ferrer Sonoma Brut o. J. *Leicht, süffig, überlagert von Apfel- und Kräuternoten*

Kalifornien – Rosé

Cuvée Napa by Mumm Rosé o. J. *Frisch und blumig, überlagert von Rotfruchttönen*

Codorníu Napa Rosé o. J. *Delikat, mit Noten von Himbeeren und Erdbeeren*

Australien

Yaldara Reserve Brut o. J. *Party-Sekt mit Apfel- und Holunderblütennoten*

Cockatoo Ridge Brut o. J. *Trockener, dominierender Sorbetgeschmack*

Australien – Rosé

Yaldara Reserve Brut Rosé o. J. *Trockener, kräftiger Aperitif*

Seaview Brut Rosé o. J. *Trocken und intensiv, mit einer Fülle roter Fruchtaromen*

Seppelt Great Western Brut Rosé o. J. *Veilchenartiges Bukett mit verheißungsvoller Fruchtnote*

Neuseeland

Lindauer Brut o. J. *Ausgefallene Melonennote mit herb-frischem Apfelaroma*

Spanien

Codorníu Cuvée Raventós o. J. *Komplex-cremige Nase mit blumig-duftigem Nachklang*

Freixenet Cordón Negro o. J. *Geschmack nach Apfelsorbet, ein Hauch von Aprikose und Melone*

Rondel Premier Cuvée Cava Brut o. J. *Dominierender Fruchtgeschmack mit Karamelnote im Abgang*

Sandora Blanc de Blancs Cava Brut o. J. *Erdige Frucht mit buttriger Note im Abgang*

England

Chapel Down Epoch Brut o. J. *Ungewöhnliche Ingwer- und Holunderblütennoten in Aroma und Geschmack*

Südafrika

Krone Borealis Brut o. J., Cap Classique *Elegant, frisch und sanft-fruchtig*

Körperreiche Schaumweine

Vollmundig und cremig mit fruchtigem Eigengewicht, oft mit Honigwabenaroma und Hefecharakter

Körperreiche Schaumweine sind nichts für Zaghafte. Sie haben einen unverwechselbaren Charakter, der dazu zwingt, ihnen Beachtung zu schenken und jeden Schluck auszukosten. Dies macht sie zur idealen Wahl für besondere Anlässe. Wenn Sie Gäste zu einem ausgiebigen Essen eingeladen haben, eignen sie sich um so besser, denn sie kommen erst in Verbindung mit einer Mahlzeit richtig zur Geltung. Sie sind würdige Nachfolger der frischen, leichteren Aperitifsorten.

Dieser Abschnitt schließt auch einige Luxus-Cuvées ein (siehe Seite 80–95). Diese exklusiven Sorten werden aus den feinsten Trauben der besten Lagen gewonnen. Luxuschampagner ohne Jahrgangsangabe sind ein Verschnitt mehrerer Spitzenjahrgänge. Der Krug Grande Cuvée ist vermutlich der Inbegriff dieses Typs – kaftvoll und samtig mit nahezu fleischigem Aroma und Vanille und Birnen im Abgang. Weine aus nicht weniger als 10 Jahrgängen werden für den Krug Grande Cuvée miteinander verschnitten.

Hier finden Sie ebenfalls eine Vielzahl vollmundiger Rosés. Zu den herrlichen Seiten von Schaumweinen gehört gerade, die ganz besonderen Sorten aus allen Teilen der Welt zu entdecken, die man wirklich genießen kann und von denen man weiß, daß Sie jedem feierlichen Ereignis Glanz und Würde verleihen.

Denkwürdige Parties

Auf denkwürdigen Parties sollten Sie unbedingt einen Schaumwein servieren, der Aufmerksamkeit erregt. Wer es extravagant mag, kann einen Krug Grande Cuvée aus Magnum-Flaschen servieren – ein idealer Partychampagner. Mit Sicherheit wird auch keiner Ihrer Freunde das Angebot eines gekühlten Bollinger Special Cuvée ablehnen. Dieser großartige Champagner besticht durch seine vielschichtigen erdbeerartigen Aromen und seinen langen Abgang mit Apfel-, Birnen- und Karamelnoten. Welch ein Genuß, ihn pur zu trinken! Ein stilvoller Champagner, der ausgezeichnete Qualität fürs Geld bietet und daher bestens für große Parties geeignet ist, ist der Georges Gardet Brut Spécial. Er ist üppig und besitzt neben einer samtigen Fruchtkomponente eine Fülle Rote-Beeren-Aromen. Auf Parties wird er stets mit Begeisterung aufgenommen.

Es muß natürlich nicht immer Champagner sein. Es gibt auch viele erschwingliche Schaumweine, die in Stil und Charakter den neuesten Partytrends entgegenkommen. Deutz Marlborough Cuvée aus Neuseeland beispielsweise bietet ein wirklich gutes Preis-Leistungs-Verhältnis. Mit seinem ausgefallenen Honigwabenaroma und einer Fülle cremiger Frucht ist er ein sensationeller Partysekt. Oder wie wäre es mit einem spanischen Raimat Grand Brut, den man gut zum Essen servieren kann? Dieser feinperlige Cava hat ein ansprechend reiches, fast süßes Aroma und eine

Deutz Marlborough Cuvée mit seinem ausgefallenen Honigwabenaroma und einer Fülle cremiger Frucht ist ein sensationeller Partysekt.

kräftige, cremige Frucht. Er macht sich wirklich fabelhaft zu frischen Krebsen, Champagner-Garnelen (siehe Seite 116) oder hellem Fisch.

Seit meiner intensiven Verkostung für dieses Buch habe ich einen neuen Favoriten: den Codorníu Napa Brut, den ich vorher noch nicht kannte. Dieser üppige, aus den kalifornischen Kellern des spanischen Erzeugers stammende Sekt zeichnet sich durch unglaublich vielfältige Himber- und Vanilleeisnoten aus. Er ist vielseitig und vielschichtig genug, um praktisch zu allem getrunken zu werden, was ihn zum wahren Partylöwen macht.

Weitere Vorschläge für Parties finden Sie auf den Seiten 41 und 61.

Besondere Anlässe

Ich hatte eine lange Liebesaffäre mit Krug. Ich trank Krug, als ich meinem Mann begegnete, und genauso umwerfend schmeckte der Chamapagner, als ich mit einem Glas die Geburt meines dritten Sohnes Felix feierte. Krug Grande Cuvée ist der ultimative Champagner für feierliche Anlässe und lohnt unbedingt die Investition, wenn man frisch verliebt ist, ein Examen bestanden hat – oder sich einfach verwöhnen will. Teuer, ja, aber seinen Preis wert.

Ob Sie nun Ihren Geburtstag oder etwas anderes feiern, ein Glas Champagner sollten Sie sich gönnen. Eine meiner beliebtesten Marken ist Louis Roederer Brut Premier komplex und cremig, mit leichtem Raucharoma und gut strukturiertem, ausgewogenem Fruchtgeschmack. Dem relativ körperreichen Champagner mangelt es auch nicht an wirklich niveauvoller, verhaltener Eleganz. Das Angenehme ist, daß man ihn zunächst pur trinken und anschließend zu raffinierten Gerichten wie Fisch-Cebiche, leicht gebratenem Tintenfisch oder Zucchinimousse servieren kann.

Wer etwas ganz Unverkennbares sucht, sollte eine Flasche Canard-Duchêne Prestige Cuvée Charles VII probieren. Der auf altmodisch geformte Flaschen gezogene Champagner ist köstlich üppig und cremig, mit anhaltendem Fruchtaroma und dem Geschmack von Äpfeln und Sahne im Abgang. Auch der neuseeländische Nautilus Marlborough Cuvée bietet einen sehr eigen-

TAITTINGER
REIMS

Burgunder für Könige, Champagner für Herzoginnen und Claret für die Gentlemen.

Französisches Sprichwort

willigen Stil mit reichhaltigen und samtigen Röstaromen und angenehmem Fruchtgeschmack.

Ein gehaltvollerer Schaumwein sollte bei keinem Hochzeitsessen fehlen. Ich bin immer dafür, während der gesamten Feier bei Schaumwein zu bleiben und langsam von den leichteren Aperitifsorten zu kräftigeren zu wechseln. Domaine Chandon's Cuvée 2000 zum Beispiel – hergestellt vom kalifornischen Zweig des Champagnerhauses Moët & Chandon – ist üppig, cremig und elegant und daher die perfekte Begleitung zu Gerichten wie Steinbutt an Vanille-Rahmsauce. Zu einer roten Fleischsorte paßt vielleicht besser ein Korbel Blanc de Noirs – diese Kombination ist sicher ausgefallen, aber eine denkwürdig.

Weitere Vorschläge für besondere Anlässe finden Sie auf den Seiten 10, 51, 65 und 84.

Ein ganz besonderer Abend

Ein köstlicher Schaumwein kann ein spätes Abendessen im Garten oder eine Mahlzeit bei Sonnenuntergang auf der Terrasse Ihres Lieblings-Restaurants zu einem ganz besonderen Abend machen. Hier kommen die üppigeren Sorten richtig zur Geltung, denn sie haben das Eigengewicht und die Fruchtigkeit, neben jeder Art von Speise zu bestehen. Meine erste Wahl für einen ganz besonderen Abend wäre ein Charles Heidsieck Brut Réserve. Dieser ausgezeichnete »Tisch-Champagner« hat ein volles Honigwabenaroma und schmeckt leicht süßlich nach Brioche. Der Vermerk *Mis en Cave 1993* auf dem Etikett besagt, daß die Flasche seit 1993 in den hauseigenen Kellern gelagert wurde. Im allgemeinen gilt: Je älter die Flasche, desto reicher ist der Inhalt (siehe Seite 129). Ein weiterer Schaumwein mit Honigwabencharakter ist der stilvolle Korbel Chardonnay aus Kalifornien. Er ist kraftvoll und buttrig und paßt großartig zu würzigen, sahnigen Geflügelgerichten.

Weitere Vorschläge für ganz besondere Abende finden Sie auf den Seiten 42 und 58.

Sommerliches Mittagessen

Einer der vielen Vorzüge von Schaumweinen ist, daß man die Sorte passend zum Anlaß und selbst zur Jahreszeit wählen kann. Ein idealer kalifornischer Schaumwein für den Sommer ist Mumm Napa Valley Blanc de Blancs. Ausschließlich aus Chardonnay-Trauben gekeltert, erscheint er zunächst leicht und elegant, entwickelt dann aber körperreiche, üppige und buttrige Fruchtnoten im Abgang. Er schmeckt phantastisch für sich allein, ebenso zu sahnigen Geflügel- oder Nudelgerichten und zu Steinbutt. Eine weitere Empfehlung wäre der spanische Raimat Grand Brut. Dieser üppige Schaumwein hat noch die klassische Säure und den Biß eines Cava, weshalb er besonders gut zur Mittagszeit schmeckt.

Räucherfisch kann den Geschmack vieler leichterer Schaumweine überdecken, mit kraftvolleren Sorten dagegen bildet er eine wunderbare Kombination. Der Joseph Perrier Blanc de Blancs Brut steigt verführerisch schmeichelnd in die Nase und hat ausgewogene, volle und samtige Aromen. Dieser Champagner schmeckt ausgezeichnet zu Räuchermakrelen-Pâté mit Rettichsauce. Wenn Sie Rosé-Champagner mögen, probieren Sie den reichen Canard-Duchêne Rosé, der eine Fülle appetitlicher Rotfrucht-Aromen aufweist. Er ist ein guter Begleiter zu Lachs, Steinbutt und Lamm, schmeckt aber auch herrlich zu Sommerfrucht-Desserts aller Art.

Weitere Vorschläge für den Sommer finden Sie auf Seite 65.

Winterliches Abendessen

Spontan würde man vielleicht zu einem großen, geschmacksintensiven Rotwein greifen. Aber haben Sie jemals »Schampus« mit Coq au vin gekostet? Obwohl das Gericht mit Rotwein zubereitet wird, macht sich ein gehaltvoller, körperreicher Schaumwein prächtig dazu. Der Nautilus Marlborough Cuvée aus Neuseeland beispielsweise verfügt über genau das richtige Maß an röstartigen und samtigen Fruchtnoten, um dieses Gericht zu vervollkommnen. Auch der Champagner Deutz Brut Classic mit seinem wun-

derbar intensiven Aroma und der beinahe fleischigen Hefenote paßt ausgezeichnet zu Geflügel, ebenso der herrlich üppige, biskuitartige Domaine Carneros Etoile aus Kalifornien.

Auch hier sollte man die Rosé-Schaumweine nicht vergessen. Der Gosset Grand Rosé ist ein richtiger Knaller, fast süß in der Nase und mit den Geschmacksnoten reifer roter Früchte. Diesen Champagner können Sie getrost zu scharf gewürzter Thai-Fischsuppe servieren, zu Bami Goreng oder auch zu anderen orientalischen Gerichten. Oder suchen Sie eine wahrhaft unvergeßliche Kombination? Hier ist sie: Taittinger Prestige Rosé mit saftigem Roastbeef, leicht gegrillter Kalbsleber oder Rosmarin-Lamm aus dem Ofen. Dieser Champagner ist üppig und körperreich, voll vordergründiger Fruchtaromen und in jedem Fall kraftvoll genug, um in solcher Gesellschaft zu bestehen.

Weitere Vorschläge für ein winterliches Abendessen finden Sie auf den Seiten 47, 63 und 87.

Verkostungsnotizen

Ein kurzer Überblick über die besten körperreichen Schaumweine

Deutschland

Spätburgunder Blanc de Noirs Brut, Siebeldinger Königsgarten o. J. *Komplex, fein moussierend, klar und facettenreich*

Frankreich – Champagne

Bollinger Spécial Cuvée o. J. *Üppig, komplex, mit Apfel-, Karamel- und Sahnekomponenten*

Canard-Duchêne Prestige Cuvée Charles VII o. J. *»Apfelsekt mit Sahne«*

Charles Heidsieck Brut Resérve, Mis en Cave 1993 *Honigwaben in Aroma und Geschmack, ein Hauch von Süße*

Deutz Brut Classic o. J. *Vollmundig, mit intensiv kräftigem Fruchtaroma und -geschmack*

Georges Gardet Brut Special o. J. *Cremig, mit dem Geschmack roter Beeren*

Joseph Perrier Blanc de Blancs Brut o. J. *Komplex, mit schmeichelnd-cremigen Nuancen*

Krug Grande Cuvée o. J. *Komplex, mit cremiger Vanillenote und einem Hauch von Äpfeln und Birnen*

Louis Roederer Brut Premier o. J. *Rauchig, üppig, komplex und verhalten*

Frankreich – Champagne Rosé

Canard-Duchêne Rosé o. J. *Karamelaromen, mit verheißungsvollen Rotfruchtnoten*

Gosset Grand Rosé o. J. *Üppig und konzentriert, mit Erdbeernoten in Mund und Nase*

Taittinger Prestige Rosé o. J. *Dominant und körperreich, mit roten Johannisbeernoten*

Kalifornien

Codorníu Napa Brut o. J. *Himbeer- und Vanilleeisnoten*

Domaine Carneros Etoile o. J. *Herrlich üppig und biskuitartig*

Domaine Chandon Cuvée 2000, Late Disgorged *Cremig, an Honigwaben erinnernd*

Mumm Napa Valley Blanc de Blancs o. J. *Komplex, mit kraftvoll-buttriger Frucht*

Korbel Chardonnay o. J. *Üppig und schmeichelnd, mit Honigwaben-Nachklang*

Kalifornien – Rosé

Korbel Blanc de Noirs o. J. *Intensive Rotfruchtnoten, die an Sommerpuddings erinnern*

Neuseeland

Deutz Marlborough Cuvée o. J. *Honigartiges Aroma und sahnesorbetähnlicher Fruchtgeschmack*

Nautilus Marlborough Cuvée o. J. *Üppig-samtiger Fruchtgeschmack mit Röstaromen*

Spanien

Raimat Grand Brut o. J. *Feinperlig, mit vollem, samtigem Fruchtgeschmack*

Jahrgangsschaumweine

Jahrgangsschaumweine gibt es von leicht bis vollmundig, elegant und komplex, mit intensivem Fruchtgeschmack, mal biskuitartig, mal mit würzigen oder nussigen Eigenschaften.

Jahrgangsschaumweine sind purer Luxus – und werten jede wirklich stilvolle Feier auf. Manche Jahrgänge der Luxus-Cuvées aus den Top-Champagnerhäusern sind zur Legende geworden, denken Sie nur an so klangvolle Namen wie Moët & Chandon Dom Pérignon, Roederer Cristal, Veuve Cliquot und Pol Roger Sir Winston Churchill.

Jahrgangsschaumweine werden aus den feinsten verfügbaren Trauben eines Jahres gewonnen. In guten Jahren kann der Wein so hervorragend sein, daß es ein Sakrileg wäre, ihn zu verschneiden. In anderen Jahren dagegen ist die Ernte weniger gut. Der Mensch hat keinen Einfluß darauf, und das läßt Jahrgangsschaumweine noch magischer erscheinen.

Wenn Sie nicht gerade gut betucht sind, bleiben insbesondere Jahrgangschampagner wohl den wahrhaft erhabenen Gelegenheiten vorbehalten. Zum Glück habe ich einige wirklich gute Schaumweine entdeckt, die den Blick auf den Kontostand überflüssig machen. Kalifornien und Australien erzeugen einige brillante, preiswerte Jahrgangsschaumweine. Also, Schluß mit dem schlechten Gewissen. Jahrgangsschaumweine sind dazu da, gewisse Stationen im Lebens festlich zu begehen: den 18. Geburtstag beispielsweise, einen besonderen Hochzeitstag oder einfach Neujahr …

Madame Bollinger auf die Frage, wann sie den Champagner des Hauses trinke: »Ich trinke ihn, wenn ich glücklich bin, ebenso, wenn ich traurig bin. Manchmal trinke ihn, wenn ich allein bin. In Gesellschaft halte ich ihn für unabdinglich. Wenn ich keinen Hunger habe, mache ich mir mit ihm Appetit, und wenn ich hungrig bin, lasse ich ihn mir schmecken. Sonst rühre ich Champagner nur an, wenn ich durstig bin.«

Cuvée Dom Pérignon
CHAMPAGNE
KRUG
BOLLINGER
AY
FRANCE

Nur wir zwei...

Für echte Romantiker gibt es nichts Vergnüglicheres, als zu zweit eine Flasche Jahrgangschampagner zu leeren. Wirklich elegant ist der Perrier Jouët Belle Epoque in seiner eindrucksvollen Jugendstil-Flasche. Der 1990er Jahrgang hat ein intensiv duftiges Aroma und Noten von Veilchen und roten Früchten. Der Moët & Chandon Dom Pérignon 1990 ist ein ausgesprochen verführerischer Champagner und somit bestens dazu geeignet, in entsprechenden Situationen mit jemandem geteilt zu werden. Dieser üppige und dabei doch elegante, unglaublich komplexe Champagner hat ein hefiges, brotähnliches Aroma, vielschichtige Fruchtkomponenten und erinnert im Abgang an Rosen – genau das Richtige für die Badewanne und fürs Bett.

Ein traumhafter kalifornischer Schaumwein für die traute Zweisamkeit ist Le Rêve 1992, eine Kreation aus der Domaine Carneros mit verführerischem Röstaroma und kraftvoll-sahnigem Abgang. Wie viele Luxus-Champagner werden auch einige Jahrgangsschaumweine nur in kleinen Mengen hergestellt und sind daher schwer zu bekommen. Sollten Sie dennoch auf eine Flasche des leichten, aber reifen, eleganten Pelorus 1993 stoßen – ein Spitzenprodukt aus der Kellerei Cloudy Bay –, heben Sie ihn auf und teilen Sie ihn nur mit einem geliebten Menschen. Das gleiche gilt für Angyle 1993, einen wirklich exotischen Schaumwein aus Oregon mit Lakritz-Aromen und appetitlichem Erdbeer-Sahne-Geschmack.

Weitere Vorschläge für Romantiker finden Sie auf den Seiten 35 und 58.

Feierliche Anlässe

Besondere Geburtstage, Jubiläen oder Taufen verlangen nach einem Jahrgangsschaumwein. Taittinger Comtes de Champagnes Blanc de Blancs 1989 ist ein wunderbarer Champagner von üppiger biskuitartiger Cremigkeit und doch ausgesprochen elegant. Joseph Perrier 1990 Cuvée Royale ist der ideale Champagner für alle, die mehr Körper bevorzugen: üppig, mit fast fleischigem Aroma und viel intensiver Frucht. Wenn Sie »große« Weine mögen, sollten Sie am besten zu Gloria Ferrer's Carneros Cuvée 1990 greifen, einem wirklich sensationellen kalifornischen Jahrgangsschaumwein mit cremigem Geschmack nach Vanille und Honigwaben. Ein wunderbarer, prickelnder Auftakt für eine Feier ist der australische Croser 1994, ein eleganter, erfrischender Schaumwein mit ausgefallenen veilchenähnlichen Fruchtaromen.

Ein köstliches, belebendes Gläschen verspricht weiterhin der Yalumba Cuvée D 1995 mit seinem kräftigen sorbetähnlichen Fruchtgeschmack.

Auch den Seaview Edwards & Chaffey Pinot Noir Chardonnay 1993 mit seinen verblüffenden Vanille- und Sahnearomen und dem honigartigen Fruchtgeschmack kann ich Ihnen sehr empfehlen. Eine meiner Neuentdeckungen ist der in England produzierte Nyetimber Blanc de Blancs 1992 – unglaublich komplex, mit viel schmeichelnder, cremiger Frucht. Königin Elizabeth II. verlieh ihrer Wertschätzung für diesen Schaumwein Ausdruck, indem sie ihn anläßlich ihrer Goldenen Hochzeit zum Mittagsmenü servieren ließ.

Weitere Vorschläge für feierliche Anlässe finden Sie auf Seite 72.

Silvester

Was wäre Silvester ohne Champagner? Ich habe mir für künftige Silvesterabende schon einige Magnum-Flaschen Pol Roger Cuvée Sir Winston Churchill 1988 zurückgelegt. Diese Luxus-Cuvée verdankt ihren Namen der Vorliebe des britischen Premierministers. Der 1988er Jahrgang ist wirklich hervorragend. Seine Apfelsorbet-Note ist perfekt ausgewogen und klingt noch nach, wenn das Glas längst leer ist. Man kann ihn gut pur genießen, aber er hat auch genug Struktur, um Meeresfrüchte oder relativ aromatische Gerichte zu begleiten.

In meinem Vorrat befindet sich auch eine Flasche des seltenen, sehr begehrten Krug Clos du Mésnil 1979, die ich bis zum Neujahrsläuten aufhebe. Einmal war ich zu einer Verkostung im Dorchester Hotel in London eingeladen, um das 300jährige Bestehen des Weinguts Clos du Mésnil zu feiern. Ich fühlte mich wie im Himmel! Der 1979er Jahrgang ist einfach hervorragend und hat ein exotisches Haselnuß-Sahne-Aroma und reiche, karamelartige, buttrige Frucht. Wenn es Ihnen gelingt, ein Jahrgangsprodukt dieses einmaligen Champagner-Weinguts aufzutreiben, greifen Sie zu – trotz des Preises. Sie können ein neues Jahr kaum stilvoller begrüßen.

Wenn Sie eine große Feier planen und keinen Kredit dafür aufnehmen wollen, wie wäre es dann mit einem australischen Seppelt Salinger 1992? Er ist leicht, elegant und blumig und damit der ideale Party-Drink für die ganze lange Nacht. Mit einem englischen Schaumwein auf das neue Jahr anzustoßen, hat an sich schon etwas Exzentrisches, besonders wenn es sich um den Chapel Down Vintage Brut 1993 mit seinen ungewöhnlichen Honig- und Gewürzaromen handelt. Vielleicht möchten Sie auch den exzellenten Torre de Galle Cava 1994 probieren, der in Zusammenarbeit mit Moët & Chandon produziert wird? Dank seines blumigen Charakters und seiner leichten Frucht ist er herrlich süffig – ein perfekter Party-Drink. Gleiches gilt für den kalifornischen Iron Horse Sonoma-Green Valley Brut 1994 mit seinem Aroma von Gewürzen und weißer Schokolade. Als Rosé bietet sich der Schramsberg Napa Valley Rosé Cuvée de Pinot 1994 an, ein exotisch fruchtiger Rosé-Schaumwein.

Weitere Vorschläge für Silvester finden Sie auf den Seiten 10, 41, 61 und 71.

Hochzeits-Toasts

Es ist nicht leicht, die richtige Wahl für einen der wichtigsten Momente im Leben zu treffen. Auf meiner eigenen Hochzeit wurde bis zur Ansprache ein Heidsieck Monopole Diamant Bleu 1961 gereicht – aus dem Jahr, in dem ich geboren wurde. Der gehaltvolle und sehr vitale Champagner mit seinen weichen Röstaromen war sicherlich ein würdiger Abschluß der zurückliegenden Lebensjahre. Ich habe kürzlich noch einen weiteren Champagner dieses Jahrgangs getrunken, und zwar einen Lanson 1961. Auch der Lanson ist noch immer unglaublich jung und besitzt wahrhaft stilvolle, harmonische Frucht. Ein ebenfalls wunderbarer Champagner für den Hochzeits-Toast ist der Taittinger Comtes de Champagnes Blanc de Blancs 1989. Er ist sehr elegant, von biskuitartiger Cremig-

keit und paßt gut zu reichhaltigen Obsttorten.

Es muß aber nicht unbedingt Champagner sein. Es gibt auch andere hochklasssige Jahrgangsschaumweine, deren Auftritt an diesem entscheidenden Punkt der Feierlichkeiten geradezu sensationell wirken kann. Was spricht dagegen, dem Beispiel der spanischen Königsfamilie zu folgen und einen Cava auszuschenken, und zwar den Juvé y Camps Reserva de la Familia Brut 1994? Es handelt sich um einen ausgereiften, hefebetonten und eleganten Schaumwein von schöner, goldener Farbe. Kürzlich habe ich auf einer Hochzeitsfeier einen australischen Penley Pinot Chardonnay 1991 getrunken. Dieser kraftvolle Schaumwein mit fast süßen Honigwaben-Aromen ist sehr gut trinkbar. Zwei kalifornische Nobelmarken sind der Gloria Ferrer, ein hefebetonter, würziger Schaumwein mit Apfelaroma, und der vollmundige, cremige Mumm Napa Valley DVX 1994. Und natürlich muß ich den Iron Horse Wedding Cuvée 1996 in die Liste aufnehmen. Dieser himmlisch leichte Schaumwein mit Beerenaroma ist perfekt, um auf das Brautpaar anzustoßen.

Weitere Vorschläge für Hochzeiten finden Sie auf den Seiten 10, 51, 65 und 72.

Stilvoll speisen

Ganz gleich, ob ich zu einem Essen bei Kerzenlicht einlade oder teuer und edel essen gehe – ein guter Schaumwein gehört einfach dazu. Ein Veuve Cliquot Réserve 1990 ist für sich allein schon fast ein vollständiges Menü. Dieser komplexe Champagner mit Aromen von gerösteter Brioche, gefolgt von Sahne-, Vanille- und Biskuittönen, ist ein guter Begleiter zu einer cremigen Krebssuppe, zu Jakobsmuscheln, Engelbarsch oder auch zu Bismarckhering.

Der 1990er Louis Roederer Brut, ein weiterer Spitzenchampagner, ist im Gegen-

Ich will Champagnerwein, und recht moussierend soll er sein.

Johann Wolfgang von Goethe, *Faust*

satz dazu recht verhalten. Seine Frucht ist dicht, elegant und gut strukturiert, der Abgang ist langanhaltend. Er paßt wunderbar zu Geflügelleber-Pastete oder einer Fischterrine. Wer gern Muscheln nach Seemannsart ißt, sollte zu einem 1995er Yellowglen greifen. Dieser erstklassige Schaumwein aus Australien mit seiner ungewöhnlichen Honig- und Kräuternote schmeckt hervorragend zu diesem Gericht.

Zu Hähnchen vom Holzkohlen-Grill empfiehlt sich der eindrucksvolle Pelorus 1993 aus Neuseeland mit seinen üppigen Fruchtaromen und einem Hauch Butter im Abgang. Oder servieren Sie lieber Fisch? Der Mumm Cordon Rouge 1990 besitzt genug Volumen und zitrusartige Säure, um neben vielen Fischgerichten zu bestehen. Ein Schaumwein, der sowohl Geflügel- als auch Fischgerichten schmeichelt, ist Gloria Ferrer Carneros Cuvée 1990. Manche Jahrgangsschaumweine passen sogar zu Schweinefleisch, beispielsweise der Pol Roger Vintage Brut 1990 mit seinem nachhaltigen Fruchtgeschmack. Er ist die perfekte Ergänzung zum klassischen Schweinebraten mit Apfelkompott. Zu Lammfleisch würde ich den Veuve Cliquot Rosé Réserve 1989 empfehlen, der ein volles, sorbetartiges Bukett und ausgeprägte rote Fruchtaromen aufweist.

Ob Sie es glauben oder nicht, einige Jahrgangsschaumweine können Sie tatsächlich durch den Hauptgang bis hin zum Pudding begleiten. Kürzlich trank ich mit Genuß einen roséfarbenen Mumm Napa Valley Blanc de Noirs 1991 zu Lamm mit Aprikosen und anschließend auch zum Himbeersorbet. Zudem habe ich ein wirklich ausgefallenes Gericht zum Abschluß eines besonderen Abends entdeckt – Erdbeeren mit frisch gemahlenem schwarzem Pfeffer. Dazu wurde ein stilvoller Argyle 1993 aus Oregon serviert. Diese Kombination sollten Sie wirklich einmal probieren!

Weitere Vorschläge für ein stilvolles Essen finden Sie auf den Seiten 63 und 76.

Weihnachten

Für mich hat der Heilig Abend eine größere Bedeutung als die Weihnachtstage selbst. Vielleicht liegt das an der Vorfreude auf die nächsten Tage. Eine meiner liebsten Erinnerungen dreht sich um eine Magnum-Flasche Veuve Cliquot La Grande Dame 1985

zu frisch gegrilltem Hummer. Er ist stahlig und doch elegant und erstaunlich harmonisch – einer der feinsten Champagner, die ich kenne. Ich teilte die Flasche mit einer guten Freundin, und wir fanden die Größe genau richtig für uns beide.

Am nächsten Morgen findet bei uns die Bescherung statt, und ein guter Schaumwein ist beim Auspacken der Geschenke geradezu unverzichtbar. Ich kann den 1990er La Grande Dame gar nicht warm genug empfehlen: Er schmeckt köstlich nach reifen Früchten mit einem Hauch von Hefe – ein sehr eleganter Champagner. Ein weiterer, richtig guter Schaumwein für den Weihnachtsmorgen ist der Shadow Creek Blanc de Noir 1994 aus Kalifornien. Mit seinen vielversprechenden himbeerartigen Aromen paßt er gut zu Fisch- und Reisgerichten oder zu Rührei mit Kräutern.

Und was ist mit Truthahn? Der Canard-Duchêne 1990 besitzt genau das richtige Maß an hefiger, teigartiger Frucht und cremigen Aromen im Abgang, um sich gegen gebratenen Truthahn durchzusetzen. Auch der Jacquart 1990 ist ein »großer« Champagner. Sein Aroma erinnert an Marshmallows, und im Abgang hat er eine honigsüße, sorbetartige Fruchtnote – eine wahre Wonne zu Truthahn mit Preiselbeersauce.

Meine weitverzweigte Familie trifft sich traditionell an einem Wochenende in der Weihnachtszeit, um Geschenke auszutauschen. Das Mittagessen beginnt immer mit Champagner, und letztes Jahr entschieden wir uns für den 1988er Heidsieck Monopole Rosé. Dieser Champagner mit dunklem Roséton besitzt viel verheißungsvolle Frucht, die bestens zu herzhaftem Räucherlachs und hausgemachten Käsestangen paßt. Meiner Familie hat der Champagner offensichtlich sehr zugesagt, denn die Flaschen leerten sich mit sagenhafter Geschwindigkeit.

Weitere Vorschläge für Weihnachten finden Sie auf den Seiten 101 und 104.

Die beschriebenen Jahrgangsschaumweine spiegeln den Stand zum Zeitpunkt der Niederschrift dieses Buches wider.

Eine meiner liebsten Weihnachtserinnerungen knüpft sich an eine Magnum-Flasche Veuve Cliquot La Grande Dame 1985 zu frisch gegrilltem Hummer. Er ist stahlig und doch elegant und erstaunlich harmonisch – einer der feinsten Champagner, die ich kenne.

CHAMPAGNE
BRUT
Cuvée
Joséphine
Joseph Perrier fils & Cie
750ml

IST DAS ETWA SEKT?
DANN GIESS IHN IN DEN DRECK!
’S IST EIN SCHWINDEL UND BETRUG,
’S IST EIN FLUCH.
VIERZIG TALER EINE FLASCHE!
DAS TAUGT NUR ZUR ADELS ZIER.
MANCHER DER HERREN TRÄNKE WASSER,
WÄR’ DAMIT ZU RENOMMIER’N
DOCH WER KAUFTE SCHON CHAMPAGNER,
GÄB’ ES IHN WOHLFEIL WIE BIER?
DENNOCH – IST DAS WIRKLICH SEKT,
SCHENK MIR NOCH MAL NACH –
DAS SCHMECKT!

A. P. Herbert, *Ballads for Broadbrows*

Verkostungsnotizen

Ein kurzer Überblick über die besten Jahrgangsschaumweine

Frankreich – Champagne

Bollinger Grande Année 1989 *Stilvoll, mit komplexen Johannisbeeraromen und Zitronenbutter im Abgang*

Canard-Duchêne 1990 *Sensationell »großer«, hefebetonter Wein mit geschmackvoll markantem Abgang*

Moët & Chandon Dom Pérignon 1990 *Brotartige Aromen, sensationelle Fruchtkomponente*

Dom Ruinart Blanc de Blancs 1988 *Honig- und Zitronenaromen und -geschmacksnoten, cremiger Abgang*

Heidsieck Monopole Diamant Bleu 1961 *Sahnige Röstaromen*

Jacquart Blanc de Blancs 1992 Cuvée Mosaïque *Apfelartige Frucht mit Honigsorbet im Nachklang*

Jacquart 1990 *Marshmallow-Aroma mit süßlicher Fruchtsorbetnote*

Joseph Perrier 1990 Cuvée Royale *Körperreich, mit prägnant konzentrierter Frucht*

Krug Vintage 1989 *Üppig und intensiv, doch mit eleganter, sorbetähnlicher Frucht*

Krug Clos du Mésnil 1979 *Haselnußcharakter mit exotisch schmeichelndem, cremigem Abgang*

Krug Clos du Mésnil 1989 *Recht verhalten, stahlige Frucht, jedoch cremig im Abgang*

Louis Roederer Brut 1990 *Elegant, mit intensiver Frucht*

Moët & Chandon 1992 *Blumig duftend, Veilchentöne in Aroma und Geschmack, leicht cremiger Abgang*

Mumm Cordon Rouge 1990 *Üppig, mit markanter, an Zitronensorbet erinnernder Säure*

Perrier-Jouët 1990 Cuvée Belle Epoque *Intensiv duftiges Aroma, elegante Veilchen- und Rotfruchttöne im Geschma*

Pol Roger Brut 1990 *Stilvoller »Apfel-mit-Sahne«-Champagner*

Pol Roger Cuvée Sir Winston Churchill 1988 *Komplex, mit lang anhaltendem Apfelsorbet-Geschmack*

Taittinger Comtes de Champagne Blanc de Blancs 1989 *Elegant mit üppiger, biskuitartiger Cremigkeit*

Veuve Clicquot Réserve 1990 *Geröstete Brioche-Nase, Sahne- und Vanilletöne im Geschmack*

Veuve Clicquot La Grande Dame 1990 *Komplex, köstlich ausgereifte, hefebetonte Frucht*

Frankreich – Champagne Rosé

Heidsieck Dry Monopole Rosé 1988 *Dunkelfarbig, mit komplexem Rotfruchtgeschmack*

Veuve Clicquot Rosé Réserve 1989 *Stilvoller Rotfruchtgeschmack mit Sorbetnote im Abgang*

Spanien

Cava Juvé y Camps Reserva de la Familia Brut 1994 *Elegant, ausgereift und hefebetont*

Torre de Galle Cava 1994 *Blumig-markanter Party-Sekt*

England

Chapel Down Vintage Brut 1993 *Aromatischer Sekt mit Honig- und Gewürztönen*

Nyetimber Blanc de Blancs 1992 *Stilvoll und komplex mit schmeichelnd-cremiger Fruchtkomponente*

Australien

Croser 1994 *Stilvoll und ausgefallen, mit veilchenähnlicher, erfrischender Frucht*

Green Point Brut 1995 *Mit Röstaromen und exquisit ausgewogener Frucht*

Penley Pinot Chardonnay 1991 *Stilvoller Sekt mit Honigwabenaromen*

Seaview Edwards & Chaffey Pinot Noir Chardonnay 1993 *Üppiger Sekt mit Vanille- und Sahnetönen*

Seaview Pinot Noir Chardonnay 1995 *Üppiger, cremiger Sekt, gut zu Räucherfisch und Fleischgerichten*

Seppelt Salinger 1992 *Eleganter, blumiger Duft und stilvoller Rotfruchtgeschmack*

Yalumba Cuvée D 1995 *Elegant, mit kraft- und schwungvollen Sorbetaromen*

Yellowglen Vintage 1995 *Parfümierter Sekt mit Honignote*

Kalifornien

Domaine Carneros 1993 *Üppig und doch delikat mit Zitronenbutternote*

Domaine Carneros Le Rêve 1992 *Mit Röstaromen und -geschmacksnoten und vollem, cremigem Abgang*

Gloria Ferrer Carneros Cuvée 1990 *Üppig und cremig, mit Vanille- und Honigwabennoten*

Gloria Ferrer Royal Cuvée 1990 *Hefearomen und würziger Apfelgeschmack*

Iron Horse Sonoma-Green Valley Brut 1994 *Leicht, mit delikaten Tönen von Gewürzen und weißer Schokolade*

Iron Horse Wedding Cuvée 1996 *Exotisch, leichter und frischer Sekt mit würzig-fruchtigen Beerenaromen*

Mumm Napa Valley Blanc de Noirs 1991 *Intensiver »Himbeer-und-Vanille-Eiscreme-Sekt«*

Mumm Napa Valley DVX 1994 *Üppig und cremig mit einem Hauch von Haselnuß*

Mumm Napa Valley Vintage Reserve 1994 *Leckerer »Apfelkuchen-und-Eiscreme-Sekt«*

Schramsberg 1992, J. Schram *Elegant mit Haselnußnote und Nachklang, der an Johannisbeeren erinnert*

Shadow Creek Blanc de Noir 1994 *Leicht mit stilvollem Rotfrucht-Geschmack*

Kalifornien – Rosé

Schramsberg Napa Valley Rosé Cuvée de Pinot 1994 *Noten von Himbeeren, Pfirsich und Zimt*

Oregon

Argyle 1993, Willamette Valley *Stilvoll, mit hefebetonter Nase und einem Hauch von Lakritz*

Neuseeland

Deutz Blanc de Blancs 1994 *Elegant, mit Geschmacksnoten von Honigmelonen und Sorbet*

Pelorus 1993 *Elegant, markant und fruchtig*

Halbtrockene Schaumweine

Fruchtige, halbtrockene Schaumweine mit fein ausgewogener Süße und erfrischender, markanter Säure

Im frühen 20. Jahrhundert war halbtrockener Champagner *in*. Heute, an der Schwelle zu einem neuen Jahrhundert, scheint es, als würde der Kult um diesen süßeren Schaumwein eine Art Renaissance erfahren, und es sind einige wirklich aufregende, verführerische Sorten auf dem Markt. Sie werden die leicht süßen Schaumweine sowohl in Geschäften als auch in Restaurants entdecken (achten Sie auf die Bezeichnung »demi-sec« oder auch »riche«).

»Süß« bedeutet nicht unbedingt »schwer« oder »zuckrig«. Das Gute an qualitativ hochwertigem Demi-Sec ist seine feine, ausgewogene Süße und zugleich eine erfrischende, markante Säure. Es ist dieses »Rückgrat« von Säure – eine frische, sorbetähnliche, prägnante Note im Abgang –, das den Schaumwein vor aufdringlicher Süße bewahrt. Auf einer Süße-Skala von 1–9, wobei 1 einen knochentrockenen Wein anzeigt und 9 eine sehr reichhaltige, klebrig-süße Sorte, liegen die meisten Demi-sec-Schaumweine etwa bei 6. Der allseits beliebte, leicht süße Asti Spumante aus Italien (siehe Seite 103) zum Beispiel liegt im Durchschnitt bei 7.

Manche Leute behaupten, Demi-sec-Schaumweine seien gewöhnungsbedürftig. Vermutlich haben sie aber nie einen gekostet, der die Finesse und den Charakter der hier vorgestellten Sorten aufweist. Und wahrscheinlich haben sie nie einen Demi-sec in Verbindung mit dem Gericht getrunken, das ihm am meisten schmeichelt, denn zweifelsohne schmeckt süßlicher Schaumwein am besten zum Essen, besonders auch zu süßen Gerichten.

Wagen Sie also ruhig einmal das Außergewöhnliche und bieten Sie Ihren Gästen ein Glas Demi-sec-Schaumwein zum Dessert an. Wundern Sie sich nicht, wenn diese dann um ein zweites Glas bitten, um es pur zu genießen. Wenn Ihre Freunde Spaß an ausgefallenen Kombinationen haben, dann werfen Sie doch einen Blick auf die Schaumweine, die ich hier zu herzhaften Gerichten vorgeschlagen habe. Sie werden erstaunt sein, was für umwerfende Verbindungen daraus entstehen können.

Süßspeisen

Wer ließe sich nicht von einem Louis Roederer Riche überzeugen? Die derzeit verfügbaren Flaschen haben ein intensives, karamelartiges Röstaroma mit einem Hauch von Mandeln auf der Zunge. Obwohl dieser Champagner üppig ist, ist er nicht sonderlich süß, sondern zeigt eine angenehme Spur von Honig vor dem erfrischenden Säureschub im Abgang. Vor kurzem servierte ich ein paar gut ausgereifte halbe Flaschen (siehe Seite 138) Louis Roederer. Sie waren fast zu Nektar geworden und schmeckten hervorragend zu meinem Tutti-frutti Champagnersorbet mit Himbeerstückchen.

Demi-sec-Schaumweine scheinen wie gemacht für Süßspeisen auf Obstbasis. Sie passen zu fast allem, angefangen bei Streuselkuchen mit Apfel über Tarte Tatin und karamelisierte Orangen bis hin zu englischem Sommerpudding mit Erdbeersauce. Ein Pol Roger Demi-Sec mit cremiger Apfelkomponente schmeckt erstaunlich gut zu Apfelkuchen mit Sahne oder zu Bratäpfeln mit Rosinen und Zimt. Oder probieren Sie einmal Pfannkuchen und dazu ein Glas Canard-Duchêne Demi-Sec mit seiner faszinierend anziehenden Honignote. Sein verhalten blumiger Ton paßt ausge-

Wenn auch die Tante des Vikars nie Likör angerührt hat, so gnade ihr Gott, wenn sie den Champagner findet.

Rudyard Kipling

Demi-sec-Schaumweine scheinen wie gemacht für Süßspeisen auf Obstbasis. Sie passen zu fast allem, angefangen bei Streuselkuchen mit Apfel über Tarte Tatin und karamelisierte Orangen bis hin zu englischem Sommerpudding mit Erdbeersauce.

sprochen gut zu dem zarten Aroma eines Champagnersorbets mit Rosenblüten (siehe Seite 120). Auch zu Karameleis schmeckt dieser Champagner exzellent.

Wenn Sie selbst die größten Zweifler unter Ihren Freunden gewinnen wollen, versuchen Sie es mit einem Glas des lieblich fruchtigen Bouvet Saumur Demi-Sec. Mit der ihm eigenen, honigartigen Chenin Blanc-Note und seinem leicht spritzigen Charakter ist er ein wunderbar sommerlicher Schaumwein.

Schokolade ist allerdings ein Problem. Eine Mousse au chocolat kann einen Schaumwein geradezu »erschlagen«. Doch auch für Schokoladenliebhaber gibt es Lösungen. Ein Glas Champagner Piper Heidsieck Demi-Sec mit seinem cremigen Sorbetgeschmack und den blumigen Noten im Abgang paßt gut zu einem leichten Schoko-Dessert. Auch ein Asti Spumante käme in Frage. Wirklich mutig wäre es, hier einen roten Schaumwein auszuschenken (siehe Seite 104). Nebenbei bemerkt: Ein Asti Spumante ist auch zu Christstollen eine gute Wahl. Der leicht süße, spritzige Schaumwein bildet einen aufregenden Kontrast zu einem schweren, gehaltvollen Stollen.

Außerhalb von Europa werden bisher noch nicht viele süße Schaumweine hergestellt, aber es lohnt sich, nach dem australischen Green Point Riche Ausschau zu halten. Kürzlich habe ich ihn zu gegrillten Feigen mit Sauerrahm und Orangenkaramel probiert – eine sagenhafte Kombination. Der Orangenkaramel akzentuiert die Karamelnote dieses stilvollen, nicht übermäßig süßen Schaumweins. Vergleichbar gut ist der Schramsberg Napa Valley Crémant 1995. Er ist recht süffig und zeichnet sich durch einen wunderbaren himbeerähnlichen Geschmack aus.

Was spricht dagegen, sich an einem Freitagabend bei einem Essen in entspannter Atmosphäre zum Nachtisch einem traubenbetonten Asti Spumante oder einem halbtrockenen spanischen Cava hinzugeben? Beide stellen wirklich keine Belastung fürs Portemonnaie dar. Zu den besten Cavas, die ich in letzter Zeit getrunken habe, gehört der Rondel Premier Cuvée Demi-Sec. Er ist blumig und lieblich, dabei aber fein ausgewogen. So merkwürdig es klingt, er schmeckt auch hervorragend zu kräftig gewürzten asiatischen Gerichten.

Weitere Vorschläge zu Süßspeisen finden Sie auf Seite 88.

Herzhafte Gerichte

Ob Sie es glauben oder nicht, ein halbtrockener Schaumwein schmeckt oft auch zu herzhaften Gerichten großartig. Mit einer Hummercremesuppe oder Fischpastete bildet er eine ausgefallene, aber schmackhafte Vorspeise. Es ist erstaunlich, wie die leichte Süße des Schaumweins mit würzigen Speisen harmoniert. Halbtrockene Schaumweine passen auch gut zu Ente, besonders bei asiatischer Zubereitung. Auch Garnelen oder Fisch mit Knoblauch und Chili, aber auch nach Thai-Art mit Zitronengras gegart, sind passende Gerichte für ein Glas Demi-Sec. Nur Mut, probieren Sie einfach einmal eins dieser würzigen Gerichte aus und servieren Sie einen der auf den Seiten 102–103 empfohlenen Schaumweine dazu.

Verkostungsnotizen

Ein kurzer Überblick über die besten halbtrockenen Schaumweine

Frankreich – Champagne

Canard-Duchêne Demi-Sec *Blaßgolden und von honigartiger Süße*

Louis Roederer Riche o. J. *Röstaroma mit Karamel- und Mandelnoten in Aroma und Geschmack*

Piper Heidsieck Demi-Sec *Cremige, blumige Sorbetnoten*

Pol Roger Demi-Sec o. J. *Apfel- und Sahnegeschmack, Sorbettöne im Abgang*

Frankreich – Loire

Bouvet Saumur Demi-Sec *Frisch und elegant, ein sanft-lieblicher Schaumwein*

Spanien – Cava

Rondel Premier Cuvée Demi-Sec o. J. *Blumig-würziger, süßer Schaumwein*

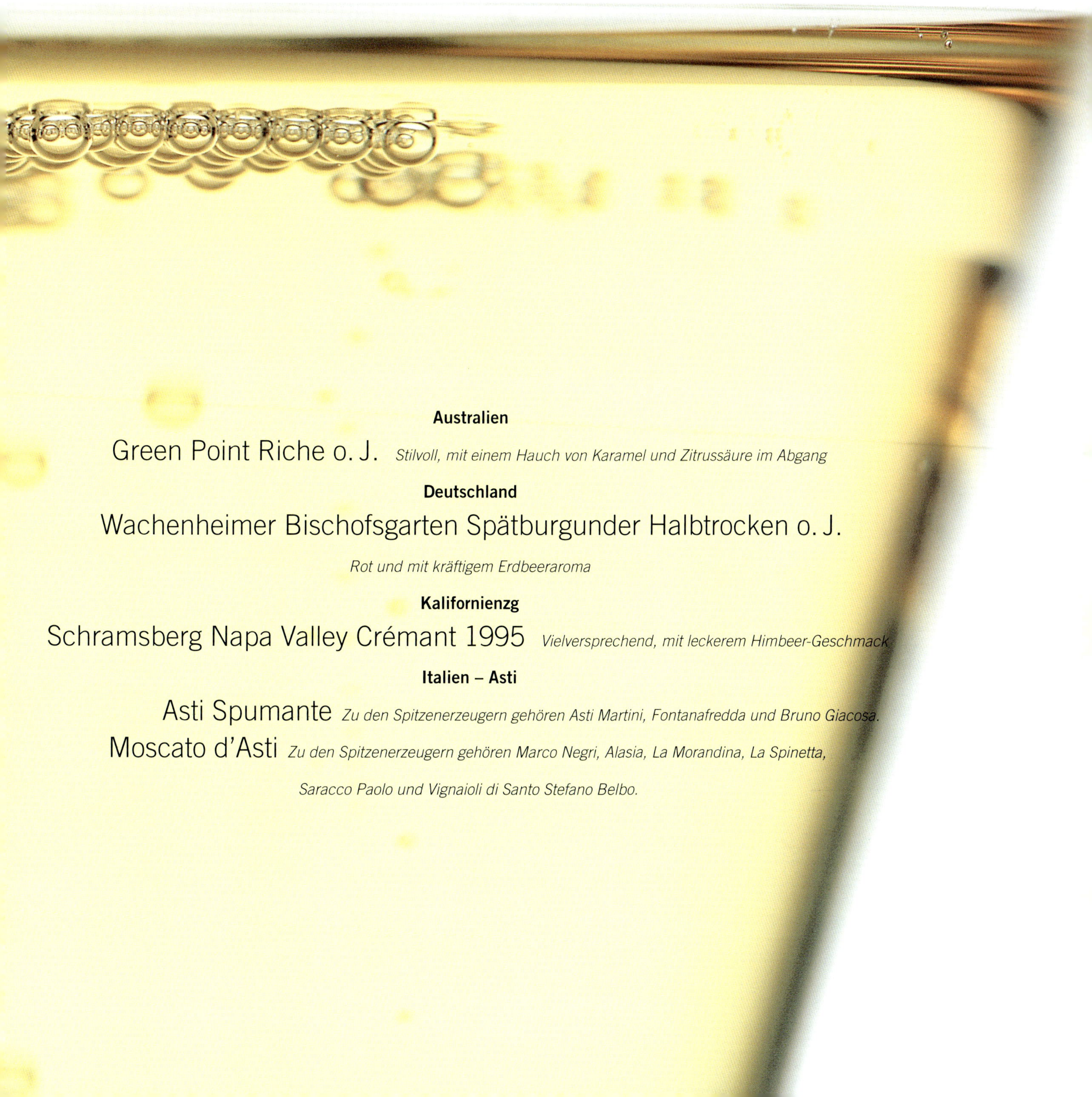

Australien

Green Point Riche o. J. *Stilvoll, mit einem Hauch von Karamel und Zitrussäure im Abgang*

Deutschland

Wachenheimer Bischofsgarten Spätburgunder Halbtrocken o. J.

Rot und mit kräftigem Erdbeeraroma

Kalifornienzg

Schramsberg Napa Valley Crémant 1995 *Vielversprechend, mit leckerem Himbeer-Geschmack*

Italien – Asti

Asti Spumante *Zu den Spitzenerzeugern gehören Asti Martini, Fontanafredda und Bruno Giacosa.*

Moscato d'Asti *Zu den Spitzenerzeugern gehören Marco Negri, Alasia, La Morandina, La Spinetta, Saracco Paolo und Vignaioli di Santo Stefano Belbo.*

Rote Schaumweine

Fruchtige rote Schaumweine mit trockenem Abgang und leichter Säure

Wenn Sie etwas wirklich Originelles suchen, das Ihnen die volle Aufmerksamkeit Ihrer Gäste sichert, sollten Sie einmal einen roten Schaumwein anbieten. Rote Schaumweine sind gewiß gewöhnungsbedürftig, aber beobachten Sie einmal die Gesichter, wenn der Korken knallt und der schäumende, purpurfarbene Sekt herausdrängt. Australien produziert derzeit unverwechselbare rote Schaumwein, die aus der pflaumenartigen Shiraz-Traube gekeltert werden. Obwohl diese ungewöhnlichen Sorten noch längst nicht überall angeboten werden, lohnt es sich, nach ihnen Ausschau zu halten.

Der vermutlich beste rote Schaumwein, den ich probiert habe, ist der extrem körperreiche, gerbsäurebetonte Peppertree Sparkling Shiraz aus dem Hause Mitchell. Dieser klassische rote Schaumwein, vollwürzig in Aroma und Geschmack mit seinem Hauch von schwarzem Pfeffer, ist ein guter Anfang. Eine mildere Alternative ist der Seppelt Show Sparkling Shiraz. Als Jahrgangssekt darf er über acht Jahre reifen und ist aufgrund seines Alters süßer, weicher und gefälliger. Sein jüngerer Bruder aus dem Hause Seppelt (derzeit aktuell ist der Jahrgang 1994), besitzt ein verblüffendes Schwarzkirscharoma und erdige Schokoladentöne. Australien produziert ferner rote Schaumweine aus Cabernet Sauvignon-Trauben. Der Yalumba Cuvée Two Sparkling Cabernet weist ein wunderbares Aroma schwarzer Johannisbeeren mit leichter Zimtnote auf.

Kaum zu glauben, aber roter Schaumwein paßt wunderbar zum Essen, sowohl zu herzhaften als auch zu süßen Speisen. Gut gekühlter Sparkling Shiraz ist ein traditioneller Begleiter zu Truthahn mit Preiselbeersauce, paßt aber auch zu indischen Gerichten. Zu einer Schokoladentorte ist ein roter Schaumwein mit Fruchtcharakter und schokoladiger Note ein sündhaft guter Partner.

Kalifornien rühmt sich seit kurzem seiner roten Schaumweine, die aus Pinot Noir-Trauben gewonnen werden. Wie ich kürzlich entdeckt habe, schmecken sie ausgezeichnet zu roten Fleischsorten. Schug Rouge de Noir 1996 beispielsweise schäumt geradezu über vor fruchtig-intensivem Erdbeergeschmack.

Ein kurzer Überblick über die besten roten Schaumweine

Australien

Seppelt Sparkling Shiraz 1994 *Schwarzkirscharomen mit schokoladiger Note*

Yalumba Cuvée Two Sparkling Cabernet o. J. *Aromen von schwarzer Johannisbeere und Zimt*

Deutschland

Wachenheimer Bischofsgarten Spätburgunder Extra Trocken o. J. *Fruchtig mit intensivem Erdbeeraroma*

Brogsitter Privat Spätburgunder Brut o. J. *Elegantes und fruchtig-intensives Aroma*

Kalifornien

Korbel Rouge o. J. *Körperreicher, würziger roter Schaumwein mit lakritzartiger Note*

Schug Rouge de Noir 1996 *Verheißungsvoll-fruchtiger Erdbeergeschmack*

Beobachten Sie einmal die Gesichter, wenn der Korken knallt und der schäumende purpurfarbene Sekt herausdrängt.

Cocktails und andere Rezepte

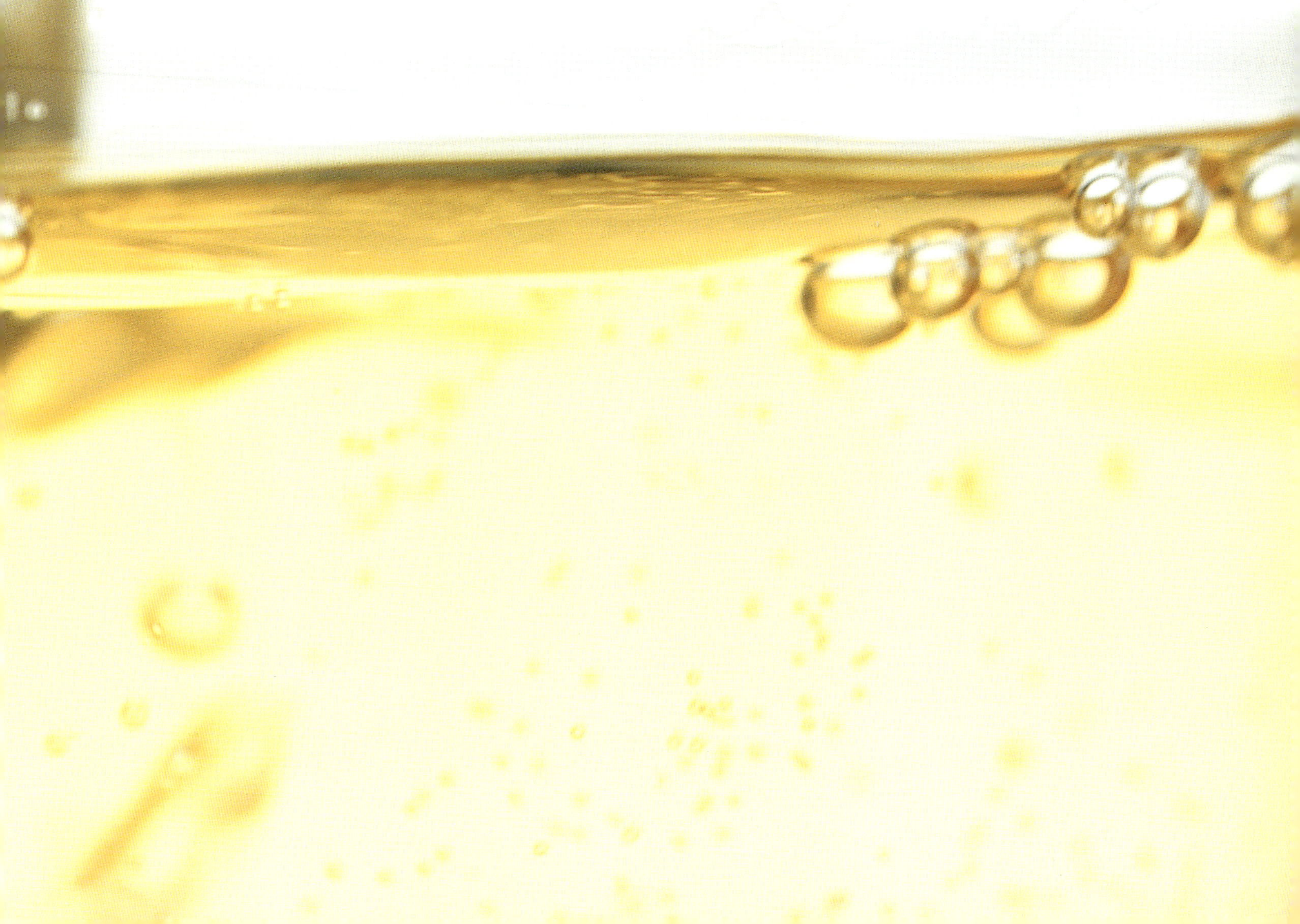

Das Geheimnis guter selbstgemixter Cocktails liegt in ihrer Einfachheit. Die alles entscheidende Frage ist natürlich, welche Art von Schaumwein man wählen sollte. Ich persönlich halte es für einen Fehler, Jahrgangssekte, Luxus-Cuvées oder wirklich edle Champagner zu verwenden. Ich ziehe in dem Fall einen vielseitigen, leichten bis mittelschweren Schaumwein vor, beispielsweise den erschwinglichen und qualitativ hochwertigen Angus Brut aus Australien, einen kalifornischen Mumm Cuvée Napa, einen spanischen Cava oder aber, wenn es etwas fruchtiger sein soll, einen schäumenden Wein wie Blanquette de Limoux. Für süßere Cocktails würde ich eher einen »demi-sec«oder einen süßen italienischen Frizzante wie Asti Spumante oder Moscato d'Asti empfehlen.

Statt die Zutaten genau abzumessen, können Sie sich einfach an die angegebenen Proportionen halten und diese nach Augenmaß zugeben. Wenn Sie Cocktails auf Fruchtsaft-Basis mixen wollen, sollten Sie immer frisch gepreßten Saft verwenden. Achten Sie darauf, daß der Cocktail gut gekühlt ist. Lassen Sie sich nicht dazu verleiten, ihn schon vorab zuzubereiten – andernfalls wird ihm das alles entscheidende Prickeln fehlen.

Cocktails

Kir Royal

Köstlicher Geschmack nach schwarzen Johannisbeeren – aber variieren Sie den Cocktail ruhig einmal mit einem anderen Likör, zum Beispiel mit Crème de Framboise oder Crème de Mûres.

Crème de Cassis nach Geschmack
trockener Sekt

Einige Tropfen Crème de Cassis (etwa ½ Teelöffel) in eine Sektflöte träufeln, mit kühlem Sekt aufgießen und umrühren.

Bellini

Ein klassischer Cocktail, der ursprünglich aus Venedig stammt und traditionell mit pürierten weißen Pfirsichen gemixt wird.

3–4 reife Pfirsiche, gehäutet und entsteint, das Fruchtfleisch in Stücke geschnitten
Pfirsichgeist (nach Wunsch)
1 Flasche trockener Sekt

Die Pfirsiche im Mixer pürieren und kalt stellen. 6–8 Sektflöten zu einem Drittel mit dem Püree füllen, nach Wunsch einen Spritzer Pfirsichgeist darüber geben und mit Sekt aufgießen.

Buck's Fizz

Dieser Cocktail stammt von dem Barkeeper des Buck's Club in London, der ihn 1921 kreiert hat.

1 Teil frisch gepreßter Orangensaft
Grenadine (nach Wunsch)
2 Teile trockener Sekt
1 Orangenscheibe (nach Wunsch)

Den Orangensaft in eine Sektflöte gießen, evtl. einen Spritzer Grenadine zugeben und mit Sekt auffüllen. Auf Wunsch mit einer Orangenscheibe servieren.

Champagner Julep

Exzellent für eine Sommerfeier. Champagner Julep ist angenehm leicht und erfrischend.

1 Stück Würfelzucker
1 Teil trockener Champagner
1 Zweig frische Minze

Das Zuckerstückchen in eine Sektflöte oder -schale geben und mit Champagner aufgießen. Mit einem Minzezweig garnieren und servieren.

Champagner-Tiramisù

Warum diesen Cocktail nicht entspannt in der Badewanne genießen?

1 Teil Weinbrand
1 Teil trockener weißer Wermut, süßer weißer Wermut oder süßer roter Wermut
feiner Streuzucker nach Geschmack
4 Teile trockener Champagner

Weinbrand, Wermut und Zucker in eine Sektflöte oder Sektschale geben. Mit Champagner aufgießen.

Blue Rinse Fizz

Ein himmlischer Cocktail von stahlblauer Farbe, der Sie in die Tropen versetzt

4 Spritzer oder 1 Teelöffel Blue Curaçao
1 Teil trockener Sekt
1 Orangenscheibe

Die Sektgläser etwa eine Stunde im Gefrierfach durchkühlen lassen. Das Glas mit Curaçao ausschwenken und mit Sekt aufgießen. Mit einer Orangenscheibe servieren.

Champagne St. Clements

Der bittersüße Geschmack von Cointreau und Limette macht diesen spritzigen Cocktail so verführerisch gut.

1 Teil frisch gepreßter Zitronen- oder Limettensaft
1 Teil Cointreau
4 Teile trockener Champagner
1 Orangen-, Zitronen- oder Limettenscheibe

Den Zitrussaft mit Cointreau und zerstoßenem Eis mischen, dann ein hohes Glas zu etwa einem Drittel damit füllen. Mit Champagner aufgießen und mit einer Orangen-, Zitronen- oder Limettenscheibe servieren.

Black Velvet

Sex im Glas sozusagen – körperreich mit perlenden Bläschen, entstanden 1861 im Londoner Brook's Club. Mit Austern serviert, ist dieser Cocktail ein bekanntes Aphrodisiakum.

1 Teil trockener Sekt
1 Teil Starkbier (Guinness oder Murphy's)

Sekt und Starkbier durchkühlen lassen, dann beide gleichzeitig in ein hohes Glas gießen. Um eine schöne Schaumblume zu erhalten, noch einen Spritzer Sekt zugeben. Der Cocktail wird süßer, wenn man Murphy's statt Guinness verwendet.

Champagner-Cocktail

Ein richtig schicker Aperitif. Die Bläschen, die sich ihren Weg sprialförmig nach oben bahnen, sind geradezu hypnotisierend.

1 Stück Würfelzucker
1 Spritzer Angostura bitter
1 Teelöffel Weinbrand oder Cognac
1 Teil trockener Champagner

Den Würfelzucker in eine Sektschale legen, mit Angostura bespritzen und diesen einziehen lassen. Den Weinbrand zufügen und mit dem Champagner aufgießen.

Calypso Fizz

Schon ein Schluck versetzt Sie an die exotischen Strände der Karibik.

1 Teil weißer Rum oder Kokos-Rum
1 Teil Bananen- oder Orangenlikör, z. B. Cointreau
1 Spritzer Angostura bitter (nach Wunsch)
4 Teile trockener Sekt
1 Bananenscheibe
1 Orangenscheibe

Etwas zerstoßenes Eis in eine Sektschale füllen. Rum und Bananenlikör zugeben und auf Wunsch mit Angostura ergänzen. Mit Sekt aufgießen und vorsichtig verrühren. Mit einer Bananen- und einer Orangenscheibe garniert servieren.

Death in the Afternoon

Dies soll eines der Lieblingsgetränke von Ernest Hemmingway gewesen sein.

1 Teil Pernod
5 Teile trockener Sekt

Den Pernod in eine Sektflöte geben und Sekt zugießen, so daß ein milchig schimmernder Cocktail entsteht.

Mexican Sunrise

Ausgefallen bittersüß im Geschmack. Tequila Gold ist ein Muß – er ist voller, weicher und süßer als herkömmlicher Tequila.

4 Teile trockener Sekt
1 Teil Tequila Gold
1 Teil frisch gepreßter Zitronensaft
1 Teelöffel klarer Honig (auf Wunsch)

Den kalten Sekt, Tequila Gold und Zitronensaft in ein hohes Glas füllen, auf Wunsch Honig einrühren und mit Strohhalm servieren.

Alfonso Fizz

1931 floh der spanische König Alfonso der XIII. nach Frankreich, wo er seinen Aufenthalt mit diesem Drink erträglicher gestaltete.

1 Stück Würfelzucker
3 Tropfen Angostura bitter
1 Teil Dubonnet
4 Teile trockener Sekt
1 Scheibe Zitrone

Den Zucker in eine Sektflöte oder -schale geben, Angostura und einen Eiswürfel zufügen. Mit Dubonnet und Sekt aufgießen und mit einer Zitronenscheibe servieren.

Champagne Charlie

Benannt nach dem berüchtigten Charles Heidsieck – ein wahrer Partyrenner

4 Teile Charles Heidsieck o. J.
1 Teil Marillengeist
1 Scheibe Orange

Champagner und Marillengeist auf Eis gießen; mit einer Orangenscheibe servieren.

Champagne Fruit Punch

Erst im letzten Moment zubereiten, sonst geht das fabelhafte Prickeln verloren. Dieser Punsch läßt sich gut mit Schaumwein oder Mineralwasser verlängern.

2 Teile Schaumwein, z. B. Asti Spumante oder Moscato d'Asti
1 Teil kohlensäurehaltiges Mineralwasser
½ Teil Weinbrand
⅛ Teil Kirschwasser
frisch gepreßter Zitronensaft und Zucker nach Geschmack
Früchte nach Wahl, z. B. Pfirsich-Scheiben, Kirschen, Himbeeren, Orangenscheiben, Ananasstückchen oder Scheiben von Kiwi und Sternfrucht
Frische Minzezweige zum Garnieren

Alle Zutaten außer den Früchten in ein Bowlengefäß geben und verrühren. Obst und Minze zugeben und in hohen Gläsern oder Sektflöten servieren.

Champagne Float

Die alkoholische Version des ewigen Favoriten Eiscreme-Soda

1 große Kugel Vanille-Eis
1 EL Kirschwasser
1 Spritzer Cointreau (auf Wunsch)
trockener Champagner
Himbeeren zum Garnieren

Das Eis in ein großes Glas füllen. Kirschwasser und Cointreau nach Wunsch zugeben und mit Champagner aufgießen. Vorsichtig verrühren, dann die Himbeeren zufügen.

Fizzy Applejack

Eine Wonne für Calvados-Liebhaber

1 Teil Calvados
1 Spritzer Grenadine
4 Teile trockener Sekt
1 Scheibe Apfel

Calvados, Grenadine und Sekt in ein Glas gießen, mit einer Scheibe Apfel servieren.

Cherry Froth

Wahrlich kraftvoll – seien Sie gewarnt!

1 Teil Wodka
1 Teil Kirschwasser
1 Spritzer frisch gepreßter Zitronensaft
2 Teile trockener Sekt
1 frische Kirsche

Wodka, Kirschwasser und Zitronensaft in ein hohes, langstieliges Glas geben. Mit Sekt aufgießen und mit einer Kirsche servieren.

The Holy Grail

Sowohl bei Benedictine als auch bei Champagner soll das Herstellungsverfahren von Mönchen entwickelt worden sein.

4 Teile trockener Champagner
1 Teil Weinbrand
1 Teil Benedictine
1 Teil Cointreau
Pfirsich- oder Nektarinen-Scheiben nach Geschmack
1 frischer Rosmarinzweig

Die ersten 4 Zutaten zusammenmixen, das Obst zugeben und mit dem Rosmarinzweig servieren.

Carribean Cruiser

Ein paar davon, und Sie treiben dahin...

1 Teil frisch gepreßter Orangensaft
1 Teil brauner Rum
1 Spritzer Zitronensaft
3 Teile trockener Sekt
1 Stück Würfelzucker (nach Wunsch)

Orangensaft, Rum und Zitronensaft in eine Sektflöte geben und mit gekühltem Sekt aufgießen. Evtl. das Zuckerstückchen hineinfallen lassen und servieren.

Texas Fizz

Sie können die Hälfte des Sekts auch durch Tonic-Wasser ersetzen.

1 Teil Gin
2 Teile frisch gepreßter Orangensaft
1 Spritzer Grenadine
4 Teile trockener Sekt
1 Scheibe Orange

Etwas Eis, Gin, Orangensaft und Grenadine in einen Shaker geben. Mit Sekt auffüllen und mit einer Orangenscheibe servieren.

Melon Bubble

Eine tödlich gute Mischung!

2 Teile Gin
1 Teil Midori (Melonenlikör)
1 Teil Williamsbirne
4 Teile extra trockener Sekt (oder aber Asti Spumante)
Melonenbällchen oder Birnenscheiben zum Garnieren

Eine Sektflöte oder -schale zur Hälfte mit Gin, Midori und Williamsbirne füllen. Mit gekühltem Sekt aufgießen und mit Melonenbällchen oder Birnenscheiben garniert servieren.

Citrus Toast

Ein kribbelnd-spritziger, erfrischender Cocktail

1 Stück Würfelzucker
1 Teil Grand Marnier
1 Teil frisch gepreßter Limettensaft
2 Teile frisch gepreßter Orangensaft
2 Teile trockener Sekt
Limetten- oder kleine Orangenscheiben zum Garnieren

Den Würfelzucker in eine Sektflöte oder -schale legen, die übrigen Zutaten zugießen und mit Limetten- oder Orangenscheiben servieren.

Kochen mit Schaumweinen

Ein großartiges Getränk, aber auch eine wunderbare Zutat in der warmen Küche – Schaumwein verleiht Fisch und Meeresfrüchten, Geflügel, Waldpilzen und Früchten ein zusätzliches, verhaltenes Aroma. Verwenden Sie besser keine teuren Sorten, sondern entscheiden Sie sich zum Beispiel für einen spanischen Cava, einen australischen Angus Brut oder Seaview, einen neuseeländischen Lindauer Brut oder einen Mumm Cuvée Napa aus Kalifornien.

Champagner-Garnelen

Ein Schaumwein unterstreicht den Garnelengeschmack – eine köstliche Vorspeise oder eine kleine Delikatesse zum Mittagessen.

50 g Butter
12 kleine Schalotten, halbiert
36 große, rohe Garnelen (ohne Schalen und Darm, mit Schwanz)
2 EL angewärmter Weinbrand
250 ml Sekt oder Champagner
250 ml Crème fraîche
Meersalz und frisch gemahlener, schwarzer Pfeffer
Frische Dill- oder Kerbelzweige zum Garnieren
Ciabatta-Brot zum Servieren
Als Vorspeise für 6 Personen, als Hauptgericht für 3 Personen

Die Butter in einer großen Pfanne erhitzen und die Schalotten etwa 3–5 Minuten glasig dünsten, aber nicht anbräunen. Die Garnelen zufügen und gerade gar werden lassen. Garnelen und Schalotten mit einem Schaumlöffel aus der Pfanne nehmen und beiseite legen. Den Weinbrand in die Pfanne geben und flambieren. Mit Sekt ablöschen und die Flüssigkeit zum Kochen bringen, dann bei geringer Hitze um die Hälfte reduzieren. Die Crème fraîche einrühren und mit Salz und frisch gemahlenem schwarzem Pfeffer abschmecken. Die Sauce 2 Minuten kochen lassen, dann die Hitze wieder reduzieren und die Garnelen und Schalotten erneut in die Pfanne geben und erhitzen. Mit frischen Dill- oder Kerbelzweigen garnieren und mit knusprigem Weißbrot anrichten.

Champagner-Hähnchen

Ein einfaches, aber ausgesprochen elegantes Gericht

2 EL Butter
1 Teelöffel Erdnuß- oder Maisöl
6 Scheiben Bauchspeck oder 4 Scheiben durchwachsener Räucherschinken, in Streifen geschnitten
1 Hähnchen, in 8 Teile zerlegt
¼ Flasche trockener Sekt oder Champager
2 Estragonzweige, gehackt; weitere Zweige zum Garnieren
Meersalz und frisch gemahlener schwarzer Pfeffer

Für 6–8 Personen

Butter und Öl in einer großen Pfanne erhitzen. Den Speck oder Schinken zugeben und knusprig ausbraten, dann auf Küchenpapier abtropfen lassen. Die Hähnchenteile in die Pfanne geben und jede Seite in 5 Minuten goldbraun braten. Den Sekt angießen, zum Kochen bringen und 1–2 Minuten sprudelnd kochen lassen. Dann den Speck bzw. Schinken zurück in die Pfanne geben und den Estragon zufügen. Aufkochen lassen, dann zugedeckt bei geringer Hitze etwa 50 Minuten köcheln lassen, bis das Hähnchen zart ist, dabei 2–3 Mal beschöpfen. Mit Estragonzweigen garniert zu neuen Kartoffeln und sautierten Pilzen servieren.

Sekt-Risotto mit Wildpilzen

Am besten verwendet man nur frische Zutaten und alle verfügbaren Pilzsorten.

10 g getrocknete Steinpilze
300 g gemischte frische Pilze, z. B. Austernpilze, Pfifferlinge, Morcheln, Shiitake-Pilze oder Champignons
75 g Butter
1 EL Olivenöl
1 Zwiebel, feingehackt
1 Knoblauchzehe, zerdrückt
500 g Arborio-Reis
1 großes Glas Sekt, z. B. Angus Brut
1½ Liter Hühner- oder Gemüsebrühe
Meersalz und frisch gemahlener schwarzer Pfeffer
gehackte Petersilie zum Garnieren

Für 4 Personen als leichtes Mittagessen, für 6 Personen als Vorspeise

Die Steinpilze in einer kleinen Schüssel mit heißem Wasser bedecken und 10 Minuten einweichen. Durch ein Sieb abgießen, die Flüssigkeit auffangen und die Steinpilze grob hacken. Die frischen Pilze mit einem feuchten Tuch abreiben, die größeren in dicke Scheiben schneiden. 25 g Butter mit dem Öl in einem großen Topf erhitzen. Die Zwiebeln in etwa 5 Minuten weich dünsten, aber nicht anbräunen; dann den Knoblauch zufügen und weitere 2 Minuten garen. Die frischen Pilze zugeben und 2 Minuten bei geringer Hitze braten, dann die Steinpilze zufügen. Den Reis zugeben und rühren, bis die Körner glasig werden. Den Sekt und die Einweich-Flüssigkeit angießen und bei mittlerer Hitze kochen lassen, bis der Reis die gesamte Flüssigkeit aufgenommen hat. Eine Kelle köchelnder Brühe über den Reis schöpfen und unter Rühren aufsaugen lassen. Die Brühe portionsweise über den Reis schöpfen, dabei jedes Mal warten, bis sie aufgesogen ist. Vielleicht benötigen Sie nicht die gesamte Brühe, bis ein cremiges Risotto entstanden ist. Dann den Topf von der Platte nehmen, die restliche Butter unterrühren, mit Salz und Pfeffer abschmecken und zugedeckt 2–3 Minuten ruhen lassen. Mit gehackter Petersilie bestreut servieren.

Champagnersorbet mit Rosenblüten

Ein sagenhaftes Dessert – verwenden Sie aber nur ungespritzte Rosen dafür.

250 g Zucker
225 ml Wasser
6 Rosenblüten, gewaschen und die Blütenblätter abgezupft, oder 1 EL Rosenwasser
½ Flasche Champagner Demi-sec, z. B. Piper Heidsieck
Saft einer ½ Zitrone
1 Eiweiß, leicht geschlagen
Für 4–6 Personen

Zucker und Wasser in einem kleinen Topf bei geringer Hitze unter Rühren erwärmen, bis sich der Zucker auflöst. Die Blütenblätter zufügen und die Mischung köcheln lassen. Bei reduzierter Hitze 10 Minuten sieden lassen, bis ein heller Sirup entsteht. Den Topf von der Platte nehmen, die Blütenblätter entfernen und wegwerfen. Den Sirup abkühlen lassen. Wenn man die Blütenblätter nach dem Abkühlen entfernt, wird das Aroma intensiver. Das Rosenwasser erst dem abgekühlten Sirup zusetzen. Anschließend den Sirup mit Champagner und Zitronensaft mischen und das Eiweiß unterziehen. In eine Eismaschine füllen und rührgefrieren lassen, bis die Masse fest ist. Alternativ gießt man die Mischung in flache Gefrierschalen und läßt sie angefrieren. Dann mit einer Gabel durchschlagen und erneut ins Gefrierfach stellen. Die Prozedur wiederholen, dann fest gefrieren lassen. Das Sorbet etwa 15 Minuten vor dem Servieren aus dem Gefrierfach nehmen und im Kühlschrank antauen lassen. Mit dem Eisportionierer Kugeln formen und in Dessertschalen oder gekühlte Sektgläser füllen.

Backpfirsich in Champager-Sirup

Diese in Champagner gebackenen Pfirsiche sind immer ein beliebtes Dessert.

4 große, reife Pfirsiche
50 g Mandelmakronen, zerkrümelt
50 g gehobelte Mandeln, leicht geröstet und grob gehackt
3 EL hellbrauner Zucker
25 g Butter und extra Butter zum Einfetten
150 ml halbtrockener Champagner, z. B. Louis Roederer Riche
halbsteif geschlagene Sahne zum Servieren
Für 4 oder 8 Personen

Die Pfirsiche halbieren und den Stein entfernen. Mit einem Teelöffel noch etwas Fruchtfleisch aus der Höhlung im Innern schaben, kleinschneiden und mit den zerbröselten Makronen, gehackten Mandeln und dem Zucker in eine Schüssel geben und gut vermischen. Die Pfirsichhälften in eine leicht gebutterte Auflaufform legen und die ausgehöhlten Kernbereiche mit der Mandel-Pfirsich-Mischung füllen. Butterflöckchen obenauf setzen und mit Champagner übergießen. Im vorgeheizten Ofen bei 180 °C (Gas Stufe 4) ohne Deckel etwa 35–40 Minuten backen, bis die Flüssigkeit sirupartig eingedickt ist und die Früchte weich und zart sind, aber noch ihre Form haben. Aus dem Ofen nehmen und leicht abkühlen lassen. Mit dem Sirup beschöpfen und mit reichlich Schlagsahne servieren.

Man kann die Pfirsiche aber auch abdecken und über Nacht in den Kühlschrank stellen. 20 Minuten vor dem Servieren aus dem Kühlschrank nehmen und anschließend mit Sirup und Schlagsahne servieren.

Champagne Sabayon

Diese französische Version des italienischen Klassikers Zabaglione wird mit Sekt anstelle von Marsala zubereitet. In hohe Gläser füllen und mit Waffeln servieren oder über leicht pochierten Früchten anrichten.

6 Eigelb
200 feiner Streuzucker
¼ Flasche trockener Sekt, z. B. Freixenet Cordón Negro
Für 6 Personen

Eigelb und Zucker in eine Schüssel geben und kräftig aufschlagen, bis die Masse dick und cremig wird. Wasser in einem Topf zum Kochen bringen, dann die Hitze reduzieren, bis das Wasser nur noch leicht köchelt, und die Schüssel auf den Topf setzen. Schüssel und Wasser dürfen sich dabei nicht berühren. Unter ständigem Schlagen langsam den Sekt zugießen und anschließend etwa 15 Minuten weiterschlagen, bis die Mischung ihr Volumen verdoppelt hat. Sofort servieren.

Pochierte Aprikosen

Aprikosen, Pfirsiche, Nektarinen und Kirschen eignen sich gut zum Pochieren in leichtem Zucker-Sirup. Pochieren Sie eine oder mehrere Obstsorten und servieren Sie sie heiß oder bei Zimmertemperatur mit Champagner-Sabayon.

3 EL Zucker
300 ml Wasser
500 g Aprikosen, Pfirsiche oder Nektarinen, halbiert und entsteint, oder ganze Kirschen mit Stein
Für 6 Personen

Zucker und Wasser in einem kleinen Topf bei geringer Hitze etwa 5 Minuten kochen lassen, bis die Flüssigkeit hell und sirupartig ist. Anschließend die Hitze reduzieren. Die Früchte in den Sirup geben und etwa 10 Minuten garen, bis sie weich sind; sie sollten aber noch ihre Form haben. Die pochierten Früchte zusammen mit dem Sirup in eine Servierschale füllen und heiß oder abgekühlt servieren.

Champagner-Trüffel

Diese samtweichen Trüffel zergehen auf der Zunge. Es ist wichtig, eine hochwertige Schokolade mit etwa 70% festen Kakao-Bestandteilen zu verwenden. Weiße Schokolade ergibt ebenfalls wunderbare Trüffel. Sie können die Außenhülle variieren und die Trüffel in feingehackten Pistazien bzw. in Puderzucker wälzen oder in flüssige Schokolade tauchen.

Trüffelmasse:
275 g Milchschokolade oder weiße Schokolade, feingehackt
175 ml Crème double
25 g weiche Butter
3–4 EL Champagner, z. B. Lanson Black Label Brut

Überzug, wahlweise:
hochwertiges Kakaopulver, ungesüßt
Puderzucker
Pistazien, feingehackt
einfache Schokolade oder weiße Schokolade, geschmolzen
Ergibt etwa 20–30 Trüffel

Für die Trüffelmasse die Schokolade im heißen – nicht siedenden – Wasserbad schmelzen. Die Crème double in einem kleinen Topf zum Kochen bringen. Den Topf von der Platte nehmen und die heiße Crème double über die geschmolzene Schokolade gießen und mit einem Holzlöffel sorgfältig verrühren. Dann die weiche Butter und den Champagner zufügen. Gut durchrühren, so daß eine klümpchenfreie Masse entsteht. Abkühlen lassen, abdecken und über Nacht in den Kühlschrank stellen. Mit zwei Teelöffeln aus der gekühlten Masse etwa 20–30 Bällchen formen und auf ein mit Backpapier ausgelegtes Backblech legen. Die Mischung nachkühlen, wenn sie zum Formen zu weich wird.

Für den Überzug Kakaopulver, Puderzucker oder gehackte Pistazien in je eine Schale füllen. Die Kugeln einzeln darin wälzen, bis sie vollständig überzogen sind. Wer die Außenseite mit geschmolzener Schokolade überziehen will, läßt die Trüffel etwa 1 Stunde im Gefrierfach anfrieren und taucht sie dann einzeln in die Schokolade, bis sie rundum bedeckt sind. Herausnehmen und auf einem Kuchengitter abtropfen lassen. Die Trüffel können bis zu 10 Tagen im Kühlschrank aufbewahrt werden.

Schaumweine genießen

Schaumweine stilvoll servieren

Schaumweine lagern

Schaumweine sind empfindlich und können verderben, wenn sie falsch gelagert werden. Wenn Sie Ihre Flaschen länger als zwei Monate aufbewahren möchten, sollten sie dies am besten bei völliger Dunkelheit und bei konstanter Temperatur tun und sie nicht bewegen. Schaumweine ohne Jahrgangsangabe gewinnen bei einer Lagerung von sechs bis acht Monaten und schmecken anschließend gehaltvoller und weicher. Legen Sie die Flaschen hin, damit der Korken immer umspült wird und nicht austrocknet und schrumpft. Wenn Sie keinen Keller haben, können sie den Platz unter dem Gästebett nutzen (sofern die Heizung aus ist) oder einen Schrank, der selten geöffnet wird. Wichtig ist, daß die Temperatur möglichst konstant und der Luftaustausch gering ist. Für eine langfristige Lagerung von einem Jahr oder mehr ist ein Keller notwendig.

Schaumweine kühlen

Schaumweine schmecken gut gekühlt am besten, aber die exakte Trinktemperatur ist eine Frage des persönlichen Geschmacks. Drei oder vier Stunden im Kühlschrank sind optimal, aber eine halbstündige Schocktherapie im Gefrierfach tut es auch. Vergessen Sie die Flasche aber nicht im Gefrierfach, denn wenn der Schaumwein gefriert, schießt der Korken aus der Flasche, und diese kann auch explodieren! Wenn Sie einen Sektkübel zum Kühlen verwenden wollen, ist ein Eisgemisch mit Wasser effektiver als Eis allein. Durch das Kühlen sinkt der Innendruck in der Flasche, die sich dann einfacher und sicherer öffnen läßt.

Die Flasche öffnen

Um die Flasche zu öffnen, zieht man die Folie ab, preßt den Daumen einer Hand oben auf den Korken und dreht mit der anderen vorsichtig die Drahtschlaufe auf. Man kann die Schlaufe vollständig abnehmen oder auch auf der Flasche lassen. Richten Sie den Flaschenhals von Ihrem Körper weg. Dann greifen Sie den Korken mit einer Hand, während Sie die Flasche in der anderen halten, und drehen die Flasche vorsichtig hin und her, fixieren aber den

Korken dabei. Wenn die Flasche nicht geschüttelt wurde, sollte der Korken mühelos mit einem sanften »Plopp« und einer kleinen, rauchartigen Dunstsäule aus der Flasche rutschen. Es ist gut, dann eine Sektflöte oder -Schale zur Hand zu haben.

Eine weitaus effektvollere Art, eine Flasche zu öffnen, praktizierte ich anläßlich eines Besuchs bei Canard-Duchêne in Rilly-La-Montagne. Man gab mir ein großes Schwert, mit dem ich den Flaschenhals exakt unter dem Korken mit genau der richtigen Schlagkraft auftrennen sollte. Erstaunlicherweise gelang das Experiment, und bis heute weiß ich einen intakten Flaschenhals, Korken und Drahtverschluß zu schätzen.

Schaumwein einschenken

Wenn man nur wenige Gläser zu füllen hat, ist es am einfachsten, das Glas wie beim Biereinschenken schräg zu halten, damit der Schaum nicht so schnell überlaufen kann. Wenn Sie aber auf einer großen Feier Schaumwein ausschenken, füllen Sie am besten jedes Glas zunächst nur zu etwa einem Drittel und gießen dann, sobald der Schaum zusammengefallen ist, die Gläser ganz voll. Wenn der Schaum überzulaufen droht, steckt man schnell den Finger oder das Ende eines Teelöffels in die Mitte des Schaumbergs.

Zubehör

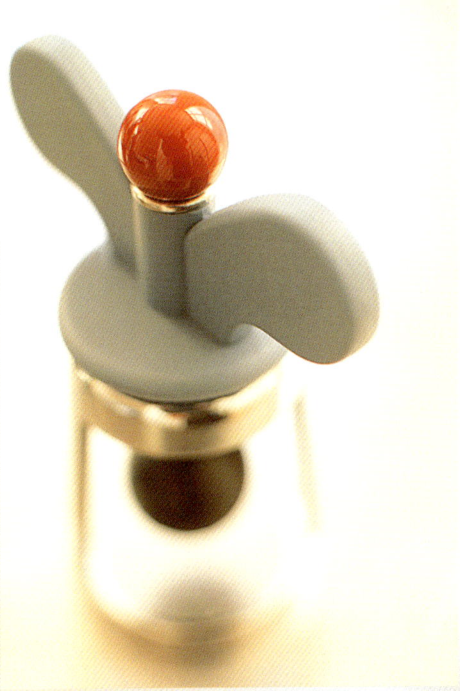

Ich betrachte die meisten Hilfsmittel als Spielerei, denn die Grundausstattung besteht aus nicht mehr als einer Flasche Schaumwein, zwei Gläsern und einem lieben Menschen, mit dem man die Flasche teilen möchte. Doch natürlich gibt es nützliche Utensilien. Eins davon ist der Flaschenverschluß, mit dem man eine geöffnete Flasche vorübergehend wieder verschließen kann, damit der Inhalt spritzig bleibt. Wirklich gute Verschlüsse wie der zweiflügelige Chromverschluß können den Schaumwein bis zu 2 Wochen frisch halten. Wenn Sie ihn aber noch am selben Tag austrinken wollen, versuchen Sie es mit dem alten Trick: Hängen Sie einen Teelöffel mit dem Griff nach unten in den Flaschenhals. Ich verstehe nicht, warum es wirkt, aber es wirkt tatsächlich.

Bei hartnäckigen Korken kann eine Sektzange (sie ähneln einem Nußknacker) das Öffnen erheblich erleichtern. Ein sogenannter »Champagner-Star«, der genau über den Korken paßt, hilft, diesen mit einer Drehbewegung herauszuziehen.

Ein Sektquirl wie der links abgebildete von Cartier ist gut, um Cocktails zu verrühren, sollte aber nie für den Schaumwein selbst benutzt werden, da dieser sonst schal wird.

Stilvolle Eiskübel sehen immer gut aus und dienen dazu, den Schaumwein vor und nach dem Öffnen kühl zu halten. Klassisch ist der silberne Kübel, ein etwas ausgefalleneres Modell wie der leuchtend orangefarbene Veuve-Cliquot-Kübel (siehe Seite 32) dagegen verleiht dem Ganzen ein eher zeitgenössisches Flair.

Gläser

Ich werde oft gefragt, welches Glas sich für Schaumwein am besten eignet. Die Antwort lautet kurz und bündig: Das, welches Ihnen am besten gefällt. Die Etikette verlangt jedoch, bestimmte Getränke nur in bestimmten Gläsern zu servieren. In der Tat wird der Trinkgenuß von Größe, Form und Beschaffenheit des Glases beeinflußt. Für einen guten Schaumwein ziehe ich immer ein feines, dünnwandiges Glas vor, denn es liegt besser in der Hand und an den Lippen – und irgendwie scheint es mir das perfekte Gefäß für all die zarten Perlchen.

Englische Kelchgläser aus der georgianischen Zeit, überwiegend in Flötenform und sehr fein geschliffen oder graviert, gehören zu den feinsten Glaswaren überhaupt. Die oben abgebildeten Gläser stammen aus der Sammlung meines Vaters und werden regelmäßig bei Familienfeiern benutzt. Die Sektschale, auch Kelch genannt, ist ein weiterer traditioneller Glastyp. Es ist ein Stielglas mit einer breiten, schalenartig geformten Halbkugel. Es soll aus dem 17. Jahrhundert stammen und wurde angeblich über der linken Brust von Marie Antoinette modelliert. Viele der frühen Schalen hatten hohle Stiele mit einem kleinen Glaszapfen am Boden, der unablässig Bläschen durch den Stiel steigen ließ. Dieser Glastyp kam im 19. Jahrhundert – und in den letzten Jahren erneut – sehr in Mode.

Zeitgenössische Gläser unterscheiden sich meist recht deutlich vom traditionellen Stil. Meistens handelt es sich um hohe Flöten, deren Design oft leicht tulpenförmig ist, so daß sich die Aromen unter der Nase konzentrieren, wenn man einen Schluck daraus trinkt.

Heutzutage ist eine große Auswahl an Sektgläsern erhältlich, die sich viele herkömmliche Spielarten auf unterschiedlichste Weise zunutze machen. Das Angebot reicht von maschinengefertigten Gläsern bis hin zu hedonistischeren (und natürlich auch teureren) mundgeblasenen Schönheiten sowie von äußerst schlichten bis hin zu reich verzierten Exemplaren.

Professionelle Weintester und die Erzeuger selbst bevorzugen meist Klarglas, weil es damit leichter fällt, die Farbe und auch die »Mousse« (Größe und Anzahl der Perlchen) zu bestimmen.

Wichtig ist, daß die Gläser peinlich sauber und poliert sind. Halten Sie das Glas ans Licht um zu prüfen, ob es klar ist. Reiben Sie es notfalls mit einem Leinentuch aus. Es ist nicht ratsam, Sektgläser mit Spülmittel auszuwaschen, da auch schon geringe Seifenrückstände das Sprudeln des Schaumweins erheblich reduzieren – und für echte Liebhaber gibt es nichts Enttäuschenderes.

Flaschengrößen

Schaumwein wird in vielen Flaschengrößen angeboten. Die beliebteste Party-Größe ist die Magnum-Flasche. Noch größere Abfüllungen sind spektakulär, aber aufgrund ihrer Größe und ihres Gewichts unhandlich. In den Staaten der Europäischen Union werden im Normalfall ohnehin nur Flaschen bis zu drei Litern abgefüllt. Die meisten Flaschen sind aus dickem Glas, um dem Innendruck standzuhalten, und die grüne Farbe schützt den kostbaren, lichtempfindlichen Inhalt.

Viertelflasche (0,2 l)

Ideal für ein großes Glas. Lassen Sie geöffnete Viertelflaschen nicht zu lange stehen, denn der Sekt schalt recht schnell darin ab. Die kleinen Flaschen sind seit einigen Jahren bei den Haute Couture-Modeparties in London *en vogue*. Viele Schnittkanten-Designer servieren Ihren Gästen einfach Viertelflaschen Moët mit Strohhalm!

Halbe Flasche (0,375 l)

Ideal für eine Person oder für zwei Asketen. Champagner neigt dazu, in halben Flaschen schnell zu reifen – lagern Sie ihn also nicht zu lange.

Normalflasche (0,75 l)

Gängige Flaschengröße, ideal für Feiern im kleinen Kreise.

Magnum-Flasche (1,5 l)

Der Inhalt entspricht dem von zwei Normalflaschen. Dies ist die beste Größe für Champagner, der längere Zeit lagern soll, außerdem ideal für jede Art von Feierlichkeiten.

Jeroboam (3 l)

Die beeindruckend große Flasche entspricht vier Normalflaschen. Man bezeichnet sie manchmal auch als Doppelmagnum-Flasche.

Rehoboam (4,5 l)

Diese Flasche entspricht sechs Normalflaschen und wird auch Triple-Magnum genannt. Die Schaumwein-Hersteller produzieren relativ wenige Rehoboam-Flaschen, aber sie erregen auf jeder Party oder Feier Aufsehen.

Methusalem (6 l)

Diese Flasche enthält dieselbe Menge Flüssigkeit wie acht Normalflaschen. »Riesig« für besondere Gelegenheiten oder durstige Gäste.

Salmanasar (9 l)

Diese gigantische Flasche entspricht 12 Normalflaschen.

Balthasar (12 l)

Bombastische Flasche mit einem Inhalt, der 16 Normalflaschen entspricht.

Nebukadnezar (15 l)

Für Champagner ist dies die größte verkäufliche Flaschengröße, die 20 Normalflaschen entspricht. Die ultimative Angeber-Flasche, aber leider sehr unhandlich.

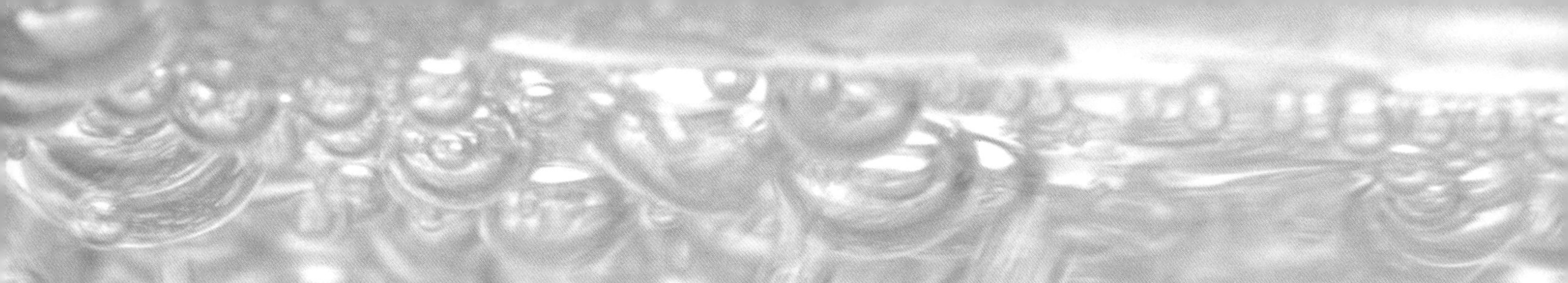

Register

Kursiv gesetzte Seitenzahlen beziehen sich auf Abbildungen.

Bildnachweis und Danksagungen

Bildnachweis

S. 14 *Einsätze links und mitte links* Mick Rock, Cephas; **S. 16** *oben links* mit freundlicher Genehmigung von Bollinger; **S. 16** *unten links* Hulton Getty, *rechts* Reproduktion eines Posters von Jean de'Ylen, veröffentlicht 1921 – mit freundlicher Genehmigung von Joseph Perrier; **S. 17** mit freundlicher Genehmigung von Mumm; **S. 20** *rechts* Maurice Huser, Tony Stone Images; **S. 20–21** Michael Busselle, Tony Stone Images; **S. 20** *Einsätze links und mitte links* Mick Rock, Cephas

Danksagungen

Ich danke Bellinda und Guy Battle sowie allen anderen, die uns Innenaufnahmen gestattet haben.

Mein Dank geht auch an all die Personen aus dem Weinhandel, die mich sowohl mit Sekt-, Schaumwein- und Champagnerflaschen als auch mit Informationen für dieses Buch versorgt haben. Besonderer Dank gebührt Vicky Bishop, Fiona Campbell, Susie Harris und Gilly Mackwood, ebenso John MacLaren vom California Wine Institute. Weiterhin möchte ich meinem Vater Dominic King für die zur Verfügung gestellten Gläser danken, ferner meiner Agentin Caryl Skelton. Mein Dank gilt ebenfalls Peter Cassidy, dessen Fotografien alle meine Erwartungen bei weitem übertrafen, und meiner Freundin Amanda Searle, die mich fotografiert hat.

Ein großes Dankeschön gebührt auch dem gesamten Team bei Ryland Peters & Small für die Zusammenstellung dieses Buches, besonders Anne Ryland, die dieses Projekt ermöglicht hat. Ich danke auch Louise Leffler für das wunderbare Layout und nicht zuletzt Sally Lester, die das gesamte Manuskript getippt hat und ohne die dieses Buch sicher nie fertig geworden wäre.

Der Verlag und die Autorin danken ebenfalls allen Champagner-Häusern, die dem Verlag großzügig Flaschen zu Fotozwecken überlassen haben, ferner den folgenden Unternehmen, die Gläser, Besteck, Geschirr, Tischdecken und Accessoires zur Verfügung gestellt haben:

Asprey & Garrard
167 New Bond Street
London W1
Tel.: 0044 – 171 493 6767

The Conran Shop
81 Fulham Road
London SW3
Tel.: 0044 – 171 589 7401

EGG
16 Kinnerton Street
London SW1
Tel.: 0044 – 171 235 9315

Nicole Farhi Homestore
17 Clifford Street
London W1
Tel.: 0044 – 171 287 8787

Thomas Goode
19 South Audley Street
London W1
Tel.: 0044 – 171 499 2823

Heals
196 Tottenham Court Road
London W1
Tel.: 0044 – 171 636 1666

Michael Johnson Ceramics
81 Kingsgate Road
London NW6
Tel.: 0044 – 171 624 2493
Importeur für Reidel-Gläser

Ruffle & Hook
122 St Johns Street
London EC1
Tel.: 0044 – 171 490 4321

JOSEPH
Duchêne